High G.B.S. 시리즈

High 요한계시록 I

(계 1–5장)

귀납적 방법에 의한 구역 및
대학 · 청년부 소그룹 교재

묵상하는사람들

프리셉트

*서 문

프리셉트성경연구원에서는 1982년 이래로 성경연구 전문서적을 편찬해 왔고 목회자들과 교회지도자들을 하나님의 말씀으로 훈련하는 심도 있는 프리셉트성경연구 과정을 개설해 왔습니다. 한편, 프리셉트성경연구원은 한국 교회를 효과적으로 돕기 위해서 구역, 셀, 소그룹 그리고 청년부의 조모임을 위해 다양한 종류의 G.B.S. 교재를 70여 종 규모로 개발해 왔습니다. 그 종별의 특징은 다음과 같습니다.

Ⅰ. G.B.S. 교재의 종별 특징

1. High G.B.S. 시리즈
   평신도 소그룹 중 성경공부를 장기간 진행해 온 분들에게 적합한 교재입니다. 프리셉트성경연구원의 고급 과정(PUP)에서 다루는 내용을 압축하여 정리한 내용으로서, 참여자들이 1시간 정도 예습해 올 수 있을 때에 효과적으로 진행할 수 있는 교재입니다.

2. BEST G.B.S. 시리즈
   소그룹 참여자들의 신앙 수준이 다양한 점을 고려하여, 다양한 도입글과 질문을 제시하였습니다. BEST G.B.S.를 쉽고 편하게 진행하기를 원하면, 「더 깊은 연구와 묵상을 위하여」를 생략하고 다룰 수 있습니다.

3. 쉬운 G.B.S. 시리즈

이 교재는 질의응답식 내용을 통해 누구나 예습 없이 현장에서 쉽게 진행할 수 있도록 구성되었습니다.

4. 주제별 G.B.S. 시리즈

이 교재는 성경의 내용을 주제별로 다뤄서 해당 주제에 대해 성경적 세계관을 확립하는 데 큰 도움을 줍니다.

5. 하나님 마음에 합한 시리즈

이 교재는 신앙생활에 관한 16가지 주제를 소그룹용으로 편찬한 교재로서, 쉬운 G.B.S.에 비해 다루는 내용이 넓고 깊습니다.

6. 40분 G.B.S. 시리즈

이 교재는 미국 프리셉트 본부에서 기획된 교재로서, 약 40분 동안 활발한 토의식 성경공부를 진행할 수 있도록 구성된 편리하고 유용한 교재입니다.

7. 성품 G.B.S. 시리즈

이 교재는 성도들이 소그룹에서 끈기 있게 예수님의 성품을 배우도록 편찬되었습니다. 이 시리즈는 감사, 경건 등 성품이란 주제에 대하여 성경 본문을 집중적으로 연구하여 적용하도록 돕는 성품 변화에 통합된 자료입니다.

8. 기타

그 외에 수련회용, 주말 성경학교용, 청소년용, 제자훈련용 등 많은 교재가 준비되어 있습니다.

Ⅱ. 인도자를 위한 안내

1. 시작 시간을 정확하게 지키십시오.
2. 성령님께서 말씀의 비밀을 깨우쳐 주시도록 함께 기도하십시오.
3. 성경공부에 들어가기 전, 지난 주에 깨달은 말씀을 함께 나누면서 마음을 여는 시간을 가지십시오.
4. 인도자는 시작하는 질문을 던지면서 참여자들의 활발한 토론을 유도해 나가십시오. 질문을 할 때에는 교재에 주어진 문제에만 국한하지 말고 다른 보충질문들을 준비하여 이끌어 가십시오.
5. 각 문제마다 적절한 시간을 안배하여 중점적으로 다룰 문제는 충분히 토의하고 지엽적인 문제는 간단히 진행하십시오.
6. 각 과를 인도한 후, 다음의 평가항목을 통해 스스로 자기 점검을 하십시오.
7. 인도자로서 좀 더 깊이 성경을 배우고자 하는 분들은 프리셉트 성경연구 과정에 참여하여 도움을 받기 바랍니다(문의: 02-588-2218).

Ⅲ. 평가항목

1. 보조 질문은 좋았는가?
   명확하고 간략했는가?
   본문에 충실했는가?
   본질적인 문제에 접근했는가?
   깊은 통찰과 적절한 적용을 이끌어 냈는가?
2. 참여자의 발표를 잘 유도하고 격려했는가?
3. 말을 너무 많이 하거나 적게 하지는 않았는가?
4. 준비를 충분히 하였는가?
5. 본문에서 벗어난 방향으로 토의가 진행되지는 않았는가?
6. 시간은 잘 지켰는가?

요한계시록

차 례

Revelation

1 예수 그리스도의 계시

■ 본문 : 요한계시록 1:1-8 ■ 요절 : 요한계시록 1:3

이 예언의 말씀을 읽는 자와 듣는 자들과 그 가운데 기록한 것을 지키는 자들이 복이 있나니 때가 가까움이라

1예수 그리스도의 계시라 이는 하나님이 그에게 주사 반드시 속히 될
일을 그 종들에게 보이시려고 그 천사를 그 종 요한에게 보내어 지시하
신 것이라 2요한은 하나님의 말씀과 예수 그리스도의 증거 곧 자기의
본 것을 다 증거하였느니라 3이 예언의 말씀을 읽는 자와 듣는 자들과
그 가운데 기록한 것을 지키는 자들이 복이 있나니 때가 가까움이라 4
요한은 아시아에 있는 일곱 교회에 편지하노니 이제도 계시고 전에도
계시고 장차 오실 이와 그 보좌 앞에 일곱 영과 5또 충성된 증인으로
죽은 자들 가운데서 먼저 나시고 땅의 임금들의 머리가 되신 예수 그리
스도로 말미암아 은혜와 평강이 너희에게 있기를 원하노라 우리를 사
랑하사 그의 피로 우리 죄에서 우리를 해방하시고 6그 아버지 하나님을
위하여 우리를 나라와 제사장으로 삼으신 그에게 영광과 능력이 세세
토록 있기를 원하노라 아멘 7볼지어다 구름을 타고 오시리라 각인의 눈
이 그를 보겠고 그를 찌른 자들도 볼 터이요 땅에 있는 모든 족속이 그
를 인하여 애곡하리니 그러하리라 아멘 8주 하나님이 가라사대 나는 알
파와 오메가라 이제도 있고 전에도 있었고 장차 올 자요 전능한 자라
하시더라

■ 서론

요한계시록의 내용은 '예수 그리스도의 계시'입니다. "계시"란 헬라어로 '아포칼룹시스'인데, '아포'는 '…로 부터'를 뜻하고

'칼루포'는 '숨기다'라는 뜻입니다. 즉 '숨겨진 것으로부터 노출된 것'이라 할 수 있습니다. 그러므로 '예수 그리스도의 계시'란 그분에 대한 단순한 기록이 아니라 그리스도 자신을 비롯하여 그분께 속한 것들의 노출을 의미합니다.

요한계시록의 내용에 관해서는 1장 1절에 잘 나타나 있습니다. "예수 그리스도의 계시라 이는 하나님이 그에게 주사 반드시 속히 될 일을 그 종들에게 보이시려고 그 천사를 그 종 요한에게 보내어 지시하신 것이라." 21세기 핵전쟁의 공포 가운데 살고 있는 우리는 내일 일에 대해서는 어느 누구도 구체적인 것을 알 수 없는 게 사실입니다. 그런데 계시록은 속히 될 일, 미래의 일에 대해서 계시하고 있다고 말씀합니다.

이에 대하여 하겐 바인은 '하나님의 최후 심판에 대한 상징적 예언'이라고 하였으며, 「완벽성경사전」(The Complete Biblical Library)에서는 "계시란 신적 계시의 성경적 개념을 전달하는 데 있어서 신약에서 가장 중요한 단어 중의 하나인데, 이 용어는 하나님께서 자신을 가시적으로 인간에게 드러낼 것을 포괄한다. 그런데 성경의 마지막 책인 계시록은 계시의 또 다른 측면을 우리에게 보여 준다. 그것은 첫째, 요한의 눈을 통해서 보여준 영광스러운 그리스도 자신에 대한 계시이고, 둘째는 당시 교회의 상황에 대한 계시 즉 당시 교회의 진단과 처방을 말해주며, 셋째는 하늘의 세계에 대한 계시, 넷째는 6장~19장에서 보여지는 그 시대에 관한 하나님의 비전, 다섯째는 최후의 심판과 영원한 삶의 조건에 대한 계시이다"라고 설명합니다. 이제 "예수 그리스도의 계시"인 요한계시록에 귀 기울여 보십시오.

▪ 본문관찰 및 토의

1. a. 요한계시록은 어떤 내용으로 구성되어 있습니까?(1-2절)

b. '계시' 에 대해 설명해 보십시오.

c. 예수 그리스도의 계시가 어떤 경로를 통해서 "그 종"들에게 전달되었습니까?

d. 계시의 근원은 누구입니까?

2. a. 요한은 무엇을 증거하였습니까?(2절)

b. 그는 증거하고자 하는 내용을 얼마만큼 증거했습니까?

c. 우리는 하나님의 말씀과 그리스도의 증거를 증언하는 그리스도인입니다. 여러분은 증인으로서 어떤 자세로 살아갑니까? (2절 참고)

3. a. 요한계시록에 비추어 볼 때 복 있는 자는 어떤 사람입니까? (3절)

b. 오늘날 요한계시록은 어떻게 취급받고 있습니까?

c. 여러분은 그동안 요한계시록을 몇 번이나 정독했습니까?

d. 요한계시록을 공부하려 할 때 어떤 선입관을 갖게 됩니까?

4. 본문에서 예수 그리스도 또는 그분을 지칭하는 단어가 등장할 때마다 빨간색 펜으로 十표시를 하십시오. 그리고 "예수 그리스도"에 대하여 아래와 같이 주제별 목록을 작성해 보십시오.

1절 계시의 주체
하나님으로부터 계시를 받음
2절 계시를 증거하신 분
5절 충성된 증인으로 죽은 자들 가운데서 먼저 나신 자
땅의 임금들의 머리가 되신 분
은혜와 평강의 원천

우리를 사랑하신 분
자신의 피로 우리를 죄에서 해방하신 분
6절

7절

5. 예수님의 목록을 그분의 인격 및 존재됨(being)에 관한 사항과 사역(doing)에 관한 사항으로 분류하여 아래에 기록하십시오. 그리고 그것에 대해 묵상한 바를 나누어 보십시오.

예수님의 인격 및 존재됨에 관한 사항	사역에 관한 사항

6. 본문에서 "하나님" 또는 하나님을 지칭하는 단어가 나올 때마다 표시를 한 후 하나님에 관해 주제별 목록을 작성하십시오.

7. 결국 우리의 생애를 통해서 영광받아야 할 분은 누구입니까? (6절) 여러분은 구체적으로 어떻게 하나님과 예수님께 영광이 되는 삶을 살고 있습니까? 지난 한 달간 하나님을 기쁘시게 한 일들을 나누어 보십시오.

8. 요한 사도는 하나님의 말씀과 예수 그리스도의 증거 곧 자기의 본 것을 다 증거하였다고 고백하였습니다. 당신은 예수 그리스도의 증인으로서 당신이 받은 복음과 은혜를 다 증거하고자 최선을 다 했습니까? 누구에게 증거하겠습니까? 당신이 증거하고자 하는 대상을 3명 이상 기록하고 그들을 위해서 그룹원들과 함께 기도하십시오.

●메 시 지●

한국 교회의 지도자들 중에는 요한계시록에 대해 선입견을 가진 분들이 있었습니다. 아마도 요한계시록과 다니엘서를 잘못 해석함으로 말미암아 많은 이단들이 생겨났기 때문인듯 합니다. 그래서 정통 교리를 주장하는 분들 중에는 요한계시록과 다니엘서 읽기를 두려워하고 만류하는 경향을 보이기도 했습니다. 그러나 성경은 이 문제에 대해서 어떤 태도를 보여야 할 것인가를 분명히 말해 줍니다. 성경은 예언의 말씀인 이 계시록을 '읽으라'고 말씀합니다. '요한계시록을 잘못 읽으면 이단에 빠지므로 읽지 마시오'라고 말씀하고 있지 않습니다. 계시록이 기록된 당시에는 하나님의 말씀인 성경을 개개인이 가지고 있지 못했습니다. 공중 예배에 사용할 수 있는 한두 권의 성경만이 있을 뿐이었습니다. 그래서 회중이 모여 예배를 드리게 될 때는 인도자가 강대상에 있는 성경을 낭송하였고 회중들은 낭송되는 말씀을 들었습니다. 이러한 까닭에 계시록의 말씀을 '읽는 것'이 복되다는 것입니다. 그리고 이 말씀을 '지키라'고 하십니다. 그러므로 이 요한계시록은 우리가 읽어야 하고, 들어야 하며, 또한 반드시 지켜야 할 말씀인 것을 정확하게 알 수 있습니다. 그리고 바로 이러한 자들에게 '복이 있다'고 말씀합니다.

여러분은 진실로 복된 성도가 되기를 원하십니까? 그렇다면 계시록의 말씀을 읽고 듣고 지키십시오. 계시의 주체되신 예수님께서 여러분의 삶을 축복으로 인도하실 것입니다. 예수님은

"충성된 증인으로 죽은 자들 가운데서 먼저 나신 분", "땅의 임금들의 머리가 되신 분"으로 지상의 모든 정사와 권세를 장악하여 머리되신 분입니다. 또한 은혜와 평강의 원천이 되신 분, 우리를 사랑하신 분, 그의 피로 죄에서 우리를 해방하신 분이고(5절), '그 아버지 하나님을 위하여 우리를 나라와 제사장으로 삼으신 분, 영광과 능력을 세세토록 받으실 분'이며(6절), '구름타고 오실 분, 각인의 눈이 보게 될 분, 그를 찌른 자도 보게 될 분, 모든 족속이 그를 인하여 애곡하게 되는 분'(7절)이며, '주의 날을 가지신 분'(10절)입니다. 바로 이 예수님이 여러분의 인생의 주인되십니까? 이 예수님이 여러분의 심령에 은혜와 평강을 베풀어 주셨습니까? 죄를 이기는 힘을 여러분의 삶 속에 주셨습니까? 여러분은 이 예수님을 힘있게 증거하고 있습니까?

요한이 본 예수 그리스도와 계시 2

■본문 : 요한계시록 1:9-20 ■요절 : 요한계시록 1:9

나 요한은 너희 형제요 예수의 환난과 나라와 참음에 동참하는 자라
하나님의 말씀과 예수의 증거를 인하여 밧모라 하는 섬에 있었더니

9나 요한은 너희 형제요 예수의 환난과 나라와 참음에 동참하는 자라
하나님의 말씀과 예수의 증거를 인하여 밧모라 하는 섬에 있었더니 10
주의 날에 내가 성령에 감동하여 내 뒤에서 나는 나팔 소리 같은 큰 음
성을 들으니 11가로되 너 보는 것을 책에 써서 에베소, 서머나, 버가모,
두아디라, 사데, 빌라델비아, 라오디게아 일곱 교회에 보내라 하시기로
12몸을 돌이켜 나더러 말한 음성을 알아 보려고 하여 돌이킬 때에 일곱
금 촛대를 보았는데 13촛대 사이에 인자 같은 이가 발에 끌리는 옷을 입
고 가슴에 금띠를 띠고 14그 머리와 털의 희기가 흰 양털 같고 눈 같으
며 그의 눈은 불꽃 같고 15그의 발은 풀무에 단련한 빛난 주석 같고 그
의 음성은 많은 물 소리와 같으며 16그 오른손에 일곱 별이 있고 그 입
에서 좌우에 날선 검이 나오고 그 얼굴은 해가 힘있게 비취는 것 같더
라 17내가 볼 때에 그 발 앞에 엎드러져 죽은 자 같이 되매 그가 오른손
을 내게 얹고 가라사대 두려워 말라 나는 처음이요 나중이니 18곧 산 자
라 내가 전에 죽었었노라 볼지어다 이제 세세토록 살아 있어 사망과 음
부의 열쇠를 가졌노니 19그러므로 네 본 것과 이제 있는 일과 장차 될
일을 기록하라 20네 본 것은 내 오른손에 일곱 별의 비밀과 일곱 금 촛
대라 일곱 별은 일곱 교회의 사자요 일곱 촛대는 일곱 교회니라

▣ 서론

요한 계시록은 1장 9절에 나타난 바와 같이 요한 사도가 하나님의 말씀과 예수님을 증거하다가 밧모섬에 갇혀 있었던 때 즉, 그의 인생이 시련에 처해 있을 때 주어진 말씀입니다. 구십 평생을 예수 그리스도를 위해서 충성했음에도 불구하고 그의 말년은 섬에 갇힌 채 귀양살이를 하는 환난과 고통을 당해야 했습니다. 그러나 그는 절망하거나 한탄하지 않았습니다. 오히려 성령으로 충만했습니다. 바로 이때 하나님의 메시지가 주어졌습니다. 이 메시지는 하나님이 요한에게 육안으로 보여 주신 것인데 이를 확증시켜 주는 말씀이 몇 구절 있습니다. “가로되 너 보는 것을 책에 써서 에베소, 서머나, 버가모, 두아디라, 사데, 빌라델비아, 라오디게아 일곱 교회에 보내라 하시기로”(계 1:11), “그러므로 네 본 것과 이제 있는 일과 장차 될 일을 기록하라”(계 1:19), “자기의 본 것을”(계 1:2), “내가 볼 때에”(계 1:17), “네 본 것과”(계 1:19), “네 본 것은”(계 1:20)등의 표현은 예수 그리스도의 직계 제자였던 요한 사도가 두 눈으로 본 것을 증거하고 있음을 나타내 줍니다.

계시록을 통해 우리에게 보여 주는 내용은 ‘예수 그리스도’에 관한 것이며, 예수 그리스도의 나라인 천국입니다. 지상에서 가장 아름답게 가꾸어져야 될 교회의 이상형, 그리고 하나님의 심판의 모습입니다. 그런가 하면 엄위하신 하나님 보좌의 모습과 영광된 주님의 모습을 보여 주고, 우리가 어떤 인생을 살아야 하는지에 대해서도 들려줍니다. 오늘의 본문은 예수 그리스도께서 요한 사도 앞에 직접 현현(顯現)하신 모습을 보여 줍니다. 주목해서 본문을 관찰해 보십시오. 천국의 생명 잔치가 우리 앞에 진설되어 있습니다. 우리는 우리 앞에 진설된 복에 참여해서 먹기만 하면 됩니다. 그 축복을 누리십시오.

▣ 본문관찰 및 토의

1. 요한 사도가 주의 날에 나팔 소리 같은 큰 음성을 들었을 때 그의 영적 상태와 육적 상태는 어떠하였습니까?(9-10절)

영적 상태: ______________________

육적 상태: ______________________

2. a. 요한 사도가 그 음성을 식별하려고 몸을 돌이켰을 때 인자 같은 이와 무엇을 보았습니까?(12-13절)

b. 여기서 일곱 금 촛대는 무엇을 의미합니까?(20절)

3. a. 인자 같은 이의 모습을 구체적으로 설명해 보십시오. 그리고 그림으로 그려보십시오.

옷 ______________________ (13절)

가슴 ______________________ (13절)
머리와 털 ______________________ (14절)
눈 ______________________ (14절)
발 ______________________ (15절)
음성 ______________________ (15절)
오른손에 ______________________ (16절)
그 입에서 ______________________ (16절)
얼굴 ______________________ (16절)

b. 예수님의 전체적인 모습은 요한에게 어떤 인상을 주었겠습니까?

4. 다음 구절을 읽고 요한계시록1:13-17의 말씀과 비교해 보십시오.

에스겔 1:26-28

다니엘 7:9-14

5. a. 요한 사도는 인자같은 이를 목격하고 어떤 자세를 취하였습니까?(17절)

b. 우리는 예수님 앞에 나아갈 때 어떤 자세로 나아가야 합니까? 왜 그렇습니까?

c. 여러분은 오늘 아침 그리고 바로 지금 이 시간에 어떤 자세로 예수님께 나아가고 있습니까?

6. 예수님의 발 앞에 엎드러져 죽은 자같이 된 요한에게 하신 말씀을 통해서 볼 때, 예수님은 어떤 분이십니까?(17-18절)

7. 예수님이 요한에게 요청한 구체적인 임무는 무엇입니까?(19절) 요한은 예수님이 요청하시는 바에 따라 스물두 장에 이르는 방대한 요한계시록을 기록하였습니다. 현재 여러분이 처한 형편에서 예수님이 요청하시는 구체적인 임무는 무엇이라고 생각합니까?

	예수님이 요청하시는 구체적인 임무
개인	
가정	
교회	
직장	

8. 여러분은 각자의 삶 속에서 실현하기 원하시는 예수님의 요청들을 어떤 자세로 어떻게 수행하겠습니까? 구체적으로 나누십시오.

●메 시 지●

예수님은 오늘도 살아 계십니다. 그분은 창조주시며 역사의 주관자이시며 우리 인생의 주인이시고 교회의 머리되십니다. 우리는 환난이나 역경이나 시련에 처해 있다 할지라도 왕되신 예수님 앞에 무릎으로 나아가는 것을 멈출 수 없습니다. 더욱이 그분의 주권 앞에 죽은 자처럼 엎드러져 나아가야 할 것입니다. 나의 누더기 같은 자아와 자만감이 예수님의 십자가 앞에 녹아져 내리고 예수님 앞에 죽은 자처럼 엎드러질 수 있는 것은 참된 신앙의 절정이요, 겸손의 극치입니다. 주님께 엎드러져 나아가지 못하게 하는 교만한 요소가 여러분의 내면에 없는지 성찰해 보십시오. 그리고 정직하게 무릎을 꿇고 고백하십시오. 그리할 때 우리는 맑은 영과 고결한 심령을 회복할 수 있습니다. 우리가 참된 영성을 회복할 때 주께서는 우리가 해야 할 위대한 사명을 부여해 주십니다.

요한 사도는 "자신이 본 것"과 "이제 있는 일"과 "장차 될 일"을 기록하는 위대한 직무를 부여받았습니다. 이것은 결코 쉬운 일이 아니었습니다. 그가 눈으로 본 것을 모두 다 남김없이 글로 표현해야 했기 때문입니다.

앞에서 해 본 것처럼 기록된 말씀을 그림으로 표현하는 것은 결코 쉬운 일이 아닙니다. 그러나 반대로 육안으로 본 것을 글로 표현하는 일은 어쩌면 더 어렵고 복잡한 것일 수 있습니다. 그러나 요한 사도는 이 직무를 수행함으로 예언서의 최고봉이라 일컬어지는 "요한계시록"을 완성할 수 있었습니다. 여러분이 생애를 바쳐서 완수해야 할 사명 곧 여러분의 "요한계시록"은 무엇입니까?

정진하십시오! 성결한 심령과 겸손한 자세로 주께서 맡기신 직무를 향해 오늘도 진일보하십시오!

3 에베소 교회

■ 본문 : 요한계시록 2:1-7 ■ 요절 : 요한계시록 2:5

그러므로 어디서 떨어진 것을 생각하고 회개하여 처음 행위를 가지라
만일 그리하지 아니하고 회개치 아니하면 내가 네게 임하여 네 촛대를
그 자리에서 옮기리라

1에베소 교회의 사자에게 편지하기를 오른손에 일곱 별을 붙잡고 일곱
금 촛대 사이에 다니시는 이가 가라사대 2내가 네 행위와 수고와 네 인
내를 알고 또 악한 자들을 용납지 아니한 것과 자칭 사도라 하되 아닌
자들을 시험하여 그 거짓된 것을 네가 드러낸 것과 3또 네가 참고 내
이름을 위하여 견디고 게으르지 아니한 것을 아노라 4그러나 너를 책망
할 것이 있나니 너의 처음 사랑을 버렸느니라 5그러므로 어디서 떨어진
것을 생각하고 회개하여 처음 행위를 가지라 만일 그리하지 아니하고
회개치 아니하면 내가 네게 임하여 네 촛대를 그 자리에서 옮기리라 6
오직 네게 이것이 있으니 네가 니골라당의 행위를 미워하는도다 나도
이것을 미워하노라 7귀 있는 자는 성령이 교회들에게 하시는 말씀을 들
을지어다 이기는 그에게는 내가 하나님의 낙원에 있는 생명나무의 과
실을 주어 먹게 하리라

▣ 서론

미국의 복음 전도자 빌리 그래함은 한 공산주의자가 자기 애인에게 보냈던 편지를 공개하였습니다. 그 글의 일부를 소개하겠습니다.

"우리 공산주의자들은 우리의 이념을 위해 수많은 사상자를 내

고 있소. 우리는 가능한 모든 방법을 다 동원하여 폭동을 일으키고, 불을 지르고, 교수형을 언도하며, 우리를 조롱하는 사람들을 사살해 버린다오. 하지만 우리는 가난 속에서 살아가고 있소. 왜냐하면 우리가 번 모든 돈을 당 본부에 보내기 때문이오. 우리 공산주의자들은 극장이나 음악회에 갈 시간이 없고 좋은 집이나 자가용을 살 돈도 없소. 그러나 우리에게는 투쟁할 명분과 인생의 분명한 목적이 있다오. 우리는 공산주의 사상에 미쳐있고 세계를 공산화하는 것이 우리 삶의 목적이오. 우리에게는 돈으로 살 수 없는 위대한 생활철학이 있다오. 사소한 개인의 욕망은 거대한 공산주의 세력 속에 묻혀버리는 것이오. 삶이 고달프게 느껴질 때는 우리가 인류의 복지와 새로운 세계를 위해 공헌하고 있다는 신념으로 말미암아 위로와 보상을 받는다오.

"나는 공산주의를 위해 살고 공산주의를 위해 죽는다. 공산주의는 나의 생명이고, 사업이며, 신앙이요, 취미요, 애인이고 또한 아내이며, 심장이고, 음식이다."

낮에는 이것을 위해 온 정열을 다 쏟아 일하고 밤에는 그것에 대해 꿈을 꾼다오. 시간이 갈수록 그것은 나를 더 성장시키고 영웅으로 만들지요. 그러므로 나는 우정과 사랑을 모두 포기해 버렸소. 그것들은 나의 삶을 이끌어 가는 거대한 힘과는 아무 상관이 없기 때문이오. 나는 사람들이나 책이나 사상들이 공산주의 사상에 어떤 영향을 주느냐에 따라 그것들을 평가하오. 나는 지금 도 이 사상으로 인해 감옥에 있지만 필요하다면 화형을 당할 각오도 되어 있소."

▫ 본문관찰 및 토의

✚우리는 이 글에서 한 가지 이념에 일생을 헌신한 젊은이의 모습을 보게 됩니다. 오늘의 본문에 등장하는 에베소 교회가 이 젊은이의 생애와 어떤 점에서 유사한지 살펴보십시오.

1. a. 주님께서는 자신을 어떻게 소개하고 있습니까?(1절)

b. 일곱 별과 일곱 금촛대는 무엇을 가리킵니까?(1장 20절)

주) "붙잡고"란 원어상으로 볼 때 강한 손으로 붙들어 주시는 주님의 완전한 보호를 의미합니다.

2. 이 편지는 누구에게 먼저 주어진 것입니까?(1절)

주) "사자"란 남성 단순 명사로서 에베소 교회의 대표적 지도자를 지칭하며 오늘날 목회자 및 교회지도자의 위치에 있는 사람을 의미합니다.

3. 에베소 교회를 향한 칭찬의 말씀은 무엇입니까?(2-3절)

①

②

③

④

⑤

주) "수고"란 단순한 노동을 의미하는 것이 아니며 기진맥진할 때까지 최선의 수고를 다하는 것을 뜻합니다.

4. 에베소 교회는 이단을 분별하며 바른 교리를 신봉하는 정통 보수 교회였고 주님을 위한 일이라면 물불을 가리지 않고 충성을 다하였던 헌신된 교회였습니다. 그런데 이 교회가 가장 중요한 한 가지를 상실하였습니다. 그것이 무엇입니까?(4절)

주) "버렸느니라"란 부정과거 능동태 직설법으로서 주어가 주체적으로 과거 어느 시점에서 처음 사랑을 버렸는데 이것이 사실이라는 것입니다. 원어상으로 보면 마치 과거 어느 시점에서 어떤 사람이 한 여인에 대한 사랑을 자의적으로 버린 것같은 상황을 보여 줍니다. 기독교는 단지 이념을 위해 자신의 전 생애를 불살라 헌신하는 관념적인 선동이 아닙니다. 그리스도를 향한 첫사랑이 전제될 때 헌신도 아름답게 꽃피울 수 있습니다.

5. 사랑을 회복하기 위해 주님께서 제시한 방책 세 가지는 무엇입니까?(5절)

①

②

③

6. 여러분의 삶은 어떻습니까? 만일 주님을 향한 첫사랑이 식어 있다면 지금 곧 이 세 가지 방책을 적용하고 그것을 기록하십시오.

7. 여러분이 속한 공동체는 어떻습니까? 여러분의 공동체가 사랑이 식었다면 어떻게 회복할 수 있겠습니까?

8. 만일 우리가 회개치 아니하면 어떤 결과에 이르게 됩니까?(5절) 다음의 글을 읽고 생각을 나누어 보십시오.

오늘날 에베소 지역은 98% 이상 회교도들이 장악하여 기독교의 잔재는 사라지다시피 하였습니다. 주께서 신앙의 촛대를 에베소 지역으로부터 옮기신 것입니다. 우리가 회개치 아니할 때 나와 나의 가정 그리고 나의 교회도 촛대가 옮겨지는 비극을 경험할 수 있음을 명심하십시오.

9. 승리하는 자에게 주어지는 보상은 무엇입니까?(7절)

●메 시 지●

예수님께서 에베소 교회를 칭찬하십니다. 그 교회를 정확하게 알고 계신 그분이 진단하십니다. 특별히 에베소 교회의 열심있는 헌신을 아시고 "내가 네 행위와 수고와 네 인내를 알고"(계 2:2)라고 말씀하십니다. 이때의 "행위"는 '에르가'로서 교회에서 봉사하고 일하는 것을 뜻합니다. "수고"를 뜻하는 '코폰'이라는 단어는 단순한 노동을 넘어서 땀을 흘리며 기진맥진할 때까지 일하는 것, 최선을 다해서 자기를 드리는 헌신을 내포합니다. 또한 "인내"는 '후포모네'로서 누군가의 밑에서 견디면서 거하는 것을 말합니다. 예수님께서는 그들의 노력을 이러한 단어들로 칭찬하신 것입니다. 그런가 하면 "악한 자들을 용납지 아니한 것과 자칭 사도라 하되 아닌 자들을 시험하여 그 거짓된 것을 네가 드러낸 것"(계 2:2)도 칭찬하십니다. 그들은 거짓 사도들을 분별해 낼 수 있는 바른 교리와 영적인 분별력을 소유하고 있었습니다. "오직 네게 이것이 있으니 네가 니골라당의 행위를 미워하는도다"(계 2:6)에서 나타난 바와 같이, 그들은 니골라당의 행위를 분별할 수 있는 능력이 있었습니다. 일반적으로 니골라당이란 '니골라라는 거짓 지도자를 추종했던 무리들'을 가리키기도 하고 '도덕 폐기론자, 율법 폐기론자들'을 지칭하기도 하는데 정통적인 기독교 교리로부터 벗어난 자들이었습니다. 이것을 에베소 교인들이 분별해낸 것입니다.

그러나 예수님은 칭찬만으로 그치지 않습니다. "그러나 너를 책망할 것이 있나니 너의 처음 사랑을 버렸느니라"(계 2:4). 주께서는 그리스도와의 첫사랑을 확인하십니다. 우리는 누구나 그리스도와의 첫사랑을 경험했습니다. 그분이 나의 모든 죄를 위하여 십자가에 피흘려 돌아가셨을 뿐만 아니라, 나에게 영원한 생명을 주시고, 삶의 소망과 사명을 주시며, 비전을 주셨다는 감격에 젖었던 때가 있습니다. 그때에는 직무 자체를 위해 일하거나 일 자체를 삶의 목표로 여기지 않았습니다. 예수님의 사랑에 감격하여 일했고 오직 그리스도의 사랑만이 강권적으로 내 삶을 이끌어 갔을 뿐입니다. 그런데 이러한 사랑을 에베소 교회에서 더 이상 찾을 수가 없었습니다. 우선되어야 할 사랑은 간 곳이 없고 직무만 남았습니다. 사랑을 상실해 버린 채 수고만이 남아 있는 교회! 이것이 바로 오늘날 교회들이 겪는 최대의 비극입니다. 이러한 교회를 향하여 주께서 명령하십니다.

"그러므로 어디서 떨어진 것을 생각하고 회개하여 처음 행위를 가지라 만일 그리하지 아니하고 회개치 아니하면 내가 네게 임하여 네 촛대를 그 자리에서 옮기리라"(계 2:5).

이 명령에 순종하여 첫사랑을 회복하는 충만한 삶을 살아가시기 바랍니다.

4 서머나 교회

■본문 : 요한계시록 2:8-11 ■요절 : 요한계시록 2:10

네가 장차 받을 고난을 두려워 말라 볼지어다 마귀가 장차 너희 가운데서
몇 사람을 옥에 던져 시험을 받게 하리니 너희가 십일 동안 환난을 받으리라
네가 죽도록 충성하라 그리하면 내가 생명의 면류관을 네게 주리라

8서머나 교회의 사자에게 편지하기를 처음이요 나중이요 죽었다가 살
아나신 이가 가라사대 9내가 네 환난과 궁핍을 아노니 실상은 네가 부
요한 자니라 자칭 유대인이라 하는 자들의 훼방도 아노니 실상은 유대
인이 아니요 사단의 회라 10네가 장차 받을 고난을 두려워 말라 볼지어
다 마귀가 장차 너희 가운데서 몇 사람을 옥에 던져 시험을 받게 하리
니 너희가 십일 동안 환난을 받으리라 네가 죽도록 충성하라 그리하면
내가 생명의 면류관을 네게 주리라 11귀 있는 자는 성령이 교회들에게
하시는 말씀을 들을지어다 이기는 자는 둘째 사망의 해를 받지 아니하
리라

▣ 서문

서머나 교회에 말씀하시는 예수님은 '처음이요 나중이요 죽었다가 살아나신 이'로 묘사되고 있습니다. 이와 비슷한 묘사는 "충성된 증인으로 죽은 자들 가운데서 먼저 나시고"(계 1:5), "처음이요 나중이니"(계 1:17), "곧 산 자라 내가 전에 죽었었노라 볼지어다 이제 세세토록 살아 있어 사망과 음부의 열쇠를 가졌노니"(계 1:18) 등에서 볼 수 있습니다. 또한 예수님은 '사망과 음부의 열쇠를 가지고 계신 분'으로 표현되고 있습니다. '음부'는 헬라어로

'하데스'인데 구원받지 못한 영혼들이 가는 곳을 가리킵니다. 이러한 예수 그리스도에 대한 묘사와 이 글을 전하고 있는 요한 사도 그리고 서머나 교회의 상태를 연관지어 생각해 보는 것은 의미가 있습니다.

이 글을 전하는 사도 요한은 예수 그리스도의 환난과 나라와 참음에 동참하는 자였고 이 메시지를 주시는 예수 그리스도 자신도 이미 죽었던 환난을 경험하신 분입니다. 이 말씀을 받는 서머나 교회 역시 환난과 궁핍을 당하고 유대인들의 훼방을 받고 있는 상태였습니다. 이러한 상황에서 예수님은 자신을 "처음이요 나중이요 죽었다가 살아나신 이"로 소개하십니다. 이 사실은 죽도록 충성하면 생명의 면류관을 받게 될 것이고 둘째 사망의 해를 받지 않게 될 것이라고 서머나 교인들에게 주신 약속과 연결됩니다. 즉 예수 그리스도 자신이 먼저 고난과 환난의 과정을 거치신 후 부활하셔서 첫 열매가 되신 것처럼, 그 믿음을 따라 갈 때 그와 동일한 부활의 삶이 요한과 서머나 교인들에게 주어질 것이라는 약속입니다. 이제 구체적으로 예수님께서 서머나 교회를 향하여 주신 말씀들을 상고해 봅시다.

▣ 본문관찰 및 토의

1. 예수님께서 서머나 교회를 향하여 자신을 소개하신 문구와 서머나 교회와의 연관성을 서론에 근거하여 여러분 자신의 말로 설명해 보십시오.(8절)

2. 서머나 교회에 대한 칭찬은 무엇이었습니까?(9절) 칭찬 속에 나타난 대조되는 단어들 -궁핍과 부요-의 참된 의미를 설명해 보십시오. 서머나 교회 성도들이 직면했던 심각한 현실 문제는 무엇이었습니까? 그들이 실상은 부요했던 이유가 무엇입니까?

3. 여러분은 경제적으로 환난과 궁핍에 처한 적이 있었습니까? 언제 그리고 어느 정도였습니까? 지금 여러분은 영적으로 부요한 은혜를 누리고 있습니까?

4. a. 주께서 서머나 교회를 향하여 주신 첫번째 명령은 무엇입니까?(10절 상) 신자가 당하는 고난의 종류와 의미를 설명해 보십시오. 고난은 심할수록 좋은 것입니까?

b. 서머나 교회의 교부였던 폴리캅은 백발이 성성한 노인이 되어서조차 고문을 받고 예수님을 부인하도록 강요받았습니다. 그러나 그는 끝까지 주님께 충성하다가 순교하였습니다. 그가 남긴 명언을 상고해 보십시오.
"지난 80여 년 간 주님은 나를 한 번도 배반하지 아니하셨는데, 내가 어떻게 주님께 대한 충성을 멈출 수 있단 말인가!"

고난의 종류	의 미
자기죄로 인한 고난(벧전 2:20-21)	징계와 회개가 요청됨
믿음의 시련으로서의 고난 (벧전 1:6-7)	견딜 때 존귀함을 얻게 됨
세상에 속하지 아니하였기에 당하는 고난 (요 15:18-19)	고난의 당위성
순종을 배우게 되는 고난(히 5:8)	고난을 통과할 때에만 받는 유익이 있음

• 베드로전서 2:20-21

20죄가 있어 매를 맞고 참으면 무슨 칭찬이 있으리요 오직 선을 행함
으로 고난을 받고 참으면 이는 하나님 앞에 아름다우니라 21이를 위
하여 너희가 부르심을 입었으니 그리스도도 너희를 위하여 고난을
받으사 너희에게 본을 끼쳐 그 자취를 따라오게 하려 하셨느니라

• 베드로전서 1:6-7

6그러므로 너희가 이제 여러 가지 시험을 인하여 잠간 근심하게 되지
않을 수 없었으나 오히려 크게 기뻐하도다 7너희 믿음의 시련이 불로
연단하여도 없어질 금보다 더 귀하여 예수 그리스도의 나타나실 때
에 칭찬과 영광과 존귀를 얻게 하려 함이라

• 요한복음 15:18-19

18세상이 너희를 미워하면 너희보다 먼저 나를 미워한 줄을 알라 19
너희가 세상에 속하였으면 세상이 자기의 것을 사랑할 터이나 너희
는 세상에 속한 자가 아니요 도리어 세상에서 나의 택함을 입은 자인
고로 세상이 너희를 미워하느니라

• 히브리서 5:8

8그가 아들이시라도 받으신 고난으로 순종함을 배워서

5. 서머나 교회에 주신 두번째 명령은 무엇입니까?(10절 하) 우리가 생명의 주이신 그리스도의 제자로서 삶을 영위할 때 이 명령을 회피할 수 있습니다. 당신이 주님을 향하여 죽도록 충성함을 입증할 수 있는 사항들을 열거해 보십시오.

6. 죽도록 충성하는 자들에게 주어지는 영광의 약속은 무엇입니까?(10절 하)

7. a. 이기는 자에게 주시는 약속은 무엇입니까?(11절)

b. 첫째 사망과 둘째 사망을 설명해 보십시오.

8. 당신이 과거의 삶에서 그리스도를 위하여 당했던 고난, 현재 당하는 고난, 장차 당해야 할 고난을 기록해 보십시오.

	고난의 내용
과 거	
현 재	
미 래	

9. 그리스도인으로서 고난을 어떻게 이해해야 하며 어떤 자세로 감당해야 하겠습니까? 당신은 현재 당하는 고난을 어떤 자세로 감당하고 있습니까? 현재의 고난이 당신의 삶에 축복이 될 수 있는 이유를 당신의 말로 설명해 보십시오.

●메 시 지●

서머나는 버가모, 에베소와 더불어 소아시아 반도의 3대 도시 중 하나로서 황제 숭배의 중심지였습니다. 도미니안 황제(주후 81-96) 통치 시에는 가이사의 제단에 분향하기를 거부하는 자들을 사형에 처하기도 했습니다. 서머나 도시에 산다는 것 자체가 그리스도인들에게는 환난이요 고난이었습니다. "환난"은 헬라어로 '들립시스'인데 '짜내다, 억누르다, 에워싸다'의 의미가 있습니다. 즉 영육간에 짓눌림 당하는 상태를 환난이라 할 수 있습니다. 예수 그리스도로 인한 모든 환난들을 잘 견뎌내면 생명의 면류관을 얻게 됩니다. 환난은 우리를 멸망시키려는 것이 아니라 우리를 정금과 같이 빛나게 하기 위한 것입니다.

서머나 교회에는 환난 외에도 궁핍이 있었습니다. "궁핍"은 헬라어로 '프토케이아'로서 영어의 'poverty', 'destitution'의 의미인데 구걸하지 않고는 삶을 영위할 수 없는 극도의 가난을 의미합니다. 이같이 극한 환난과 궁핍 가운데 처해 있는 서머나 교회에 주님은 책망하지 않으십니다. '고난'이라고 하면 떠오르는 사람으로 욥을 꼽지 않을 수 없습니다. 욥기 2장 9-10절, 6장 10절을 살펴보면 욥이 극한 고난 가운데서도 오히려 위로를 받고 무정한 고통 가운데 기뻐할 수 있는 이유를 발견할 수 있습니다. 그것은 거역치 아니하였음을 확신하기 때문이며, 복과 재앙이 모두 하나님께로부터 온다는 사실을 분명히 알고 있기 때문이라고 말합니다. 이러한 확신이 있었기에 욥은 고통 가운데서도 입술로 범죄치 아니하였습니다. 모든 고난은 우리의 시선을 하나님께 맞추게 합니다. 그러므로 고난을 제대로 이기는 것은 우리에게 축복이요 영광이며 존귀이고 칭찬거리가 될 수 있습니다. 우리가 고난을 당할 때는 처음과 나중이시고 죽었다가 살아나신 예수 그리스도, 가장 큰 고난을 당하신 예수 그리스도를 기억해야 합니다. 성경에서 '안다'는 것과 '기억한다'는 단어는 중요합니다. 여러분은 이제 알았으니 기억해야 할 때입니다. 그리스도를 상기할 때 그분이 당하신 고난에 동참하게 되는 것이므로 고난을 온전히 기쁘게 여길 수 있고 그분과 함께 받을 영광과 칭찬과 존귀를 기대할 수 있게 됩니다. 여러분에게 환난이나 어려움이 있습니까? 그렇다면 이런 환난과 고난과 궁핍을 하나님께서 어떻게 사용하시기를 원합니까? 책망을 받지 않고 잘 견뎌낸 서머나 교회와 같이 되느냐, 견뎌내지 못해 둘째 사망의 해를 받느냐는 여러분의 태도에 달려 있습니다.

버가모 교회 5

■본문 : 요한계시록 2:12-17 ■요절 : 요한계시록 2:16

그러므로 회개하라 그리하지 아니하면 내가 네게 속히 임하여
내 입의 검으로 그들과 싸우리라

12버가모 교회의 사자에게 편지하기를 좌우에 날 선 검을 가진 이가 가
라사대 13네가 어디 사는 것을 내가 아노니 거기는 사단의 위가 있는 데
라 네가 내 이름을 굳게 잡아서 내 충성된 증인 안디바가 너희 가운데
곧 사단의 거하는 곳에서 죽임을 당할 때에도 나를 믿는 믿음을 저버리
지 아니하였도다 14그러나 네게 두어 가지 책망할 것이 있나니 거기 네
게 발람의 교훈을 지키는 자들이 있도다 발람이 발락을 가르쳐 이스라
엘 앞에 올무를 놓아 우상의 제물을 먹게 하였고 또 행음하게 하였느니
라 15이와 같이 네게도 니골라당의 교훈을 지키는 자들이 있도다 16그
러므로 회개하라 그리하지 아니하면 내가 네게 속히 임하여 내 입의 검
으로 그들과 싸우리라 17귀 있는 자는 성령이 교회들에게 하시는 말씀
을 들을지어다 이기는 그에게는 내가 감추었던 만나를 주고 또 흰 돌을
줄 터인데 그 돌 위에 새 이름을 기록한 것이 있나니 받는 자 밖에는 그
이름을 알 사람이 없느니라

■ 서론

버가모 교회를 간단히 표현하면 '정조를 상실한 교회', '이교와 타협한 교회'라고 말할 수 있습니다. 본문에서 예수님은 자신을 "좌우에 날선 검을 가진 이"로 묘사하고 있습니다. '검'은 "좌우에 날 선 검이 예수 그리스도의 입에서 나온다"(계 1:16)는 표현

속에 나옵니다. 또한 히브리서 4장 12절에서 하나님의 말씀은 좌우에 날선 어떤 검보다도 예리하고, 그 검은 혼과 영, 관절과 골수를 찔러서 쪼갠다고 말합니다. 세상의 어떤 칼도 우리의 혼과 영, 관절과 골수를 찌를 수는 없습니다. 더구나 우리의 정신적인 문제를 치료할 수는 없습니다. 오직 하나님의 말씀만이 그러한 힘을 가지고 있으며 우리 마음의 생각과 뜻을 감찰합니다. 에베소서 6장 17절은 '검'이 하나님의 말씀인 것을 가르쳐 줍니다.

말씀은 좌우에 날 선 검입니다. 말씀을 공부하며 그대로 살아갈 때는 말씀이 영혼과 마음 그리고 생활에 축복이 되지만, 그렇지 않을 경우에는 우리를 찔러 쪼개는 검이 됩니다. 요한계시록 1장 3절의 '말씀을 읽는 자와 듣는 자, 그 가운데 기록된 것을 지키는 자들에게 복이 있다'는 말씀도 이것과 연관됩니다. 성경 말씀이 복이 될 것인지 심판의 검이 될 것인지는 우리가 말씀에 대해 어떤 태도를 가지고 어떤 선택을 하느냐에 달려 있습니다.

이러한 모습으로 묘사된 예수 그리스도는 우선 버가모 교회에 대한 칭찬으로 말씀을 시작합니다. "내 이름을 굳게 잡아서"(계 2:13) "나를 믿는 믿음"(계 2:13) 등 버가모 교회에 대한 칭찬은 크게 두 가지입니다. 버가모 교회가 예수 그리스도의 이름을 굳게 잡고 주를 믿는 믿음을 저버리지 않았다는 것입니다. 당시 에베소나 서머나 지역이 항구 도시로 경제의 중심지였던 반면, 버가모 교회는 행정적인 수도로 황제를 숭배해야 하는 우상 숭배의 요지에 위치해 있었습니다. 그래서 네로나 그리스 신들의 이름을 주로 고백하지 않으면 순교를 당하는 무서운 핍박을 받았습니다.

이제 본문을 자세히 관찰하면서 버가모 교회에 대해 구체적으로 살펴보겠습니다.

▣ 본문관찰 및 토의

1. 좌우에 날선 검을 가진 예수님께서 버가모 교회의 어떤 면을 칭찬하십니까?(13절)

주) 버가모 도시에는 제우스 신전, 아테네 신전, 디오니소스 신전, 아스클레피오스 신전 등 4대 우상 신전이 있었으며 아우구스투스 신전, 트라얀 신전, 세베루스 신전 등 3대 황제 숭배 신당이 있었습니다. 버가모 도시는 소아시아 지역에서 황제 숭배의 중심지였으며 이러한 숭배의식을 준수하는 것은 로마제국에 대한 충성을 의미하였습니다. 황제 숭배 의식은 황제의 핵심적인 정책이었으므로 공적인 의식에 참여하기를 거부하는 것은 대역죄로 간주되었습니다.

13절에서 언급되고 있는 "사단의 위"(Satan's throne)란 바로 이러한 우상숭배적 요소를 가르키는 것으로 여겨집니다.

2. 안디바에 대하여 상세하게 주제별 목록을 작성해 보십시오.

〈주제별 목록 작성〉

a. 그가 속한 교회는 어디입니까?

b. 그가 속한 교회 주변의 상황은 어떠하였습니까?

c. 그의 최후는 어떤 모습이었습니까?

d. 그는 예수님께 어떠한 평가를 받았습니까?

〈적용〉

e. 안디바의 삶과 여러분의 삶을 비교해 보고 적용점을 기록하십시오.

3. 주께서는 버가모 교회를 향하여 두어 가지 책망할 것이 있다고 말씀하셨습니다. 그 내용은 무엇입니까?(14-15절)

4. 발람의 교훈을 밝히 알기 위하여 민수기 22:1-34을 읽으십시오.

① 발락에 대하여 본문이 밝혀주는 바를 기록해 보십시오.

② 모압왕 발락은 발람에게 예물을 전해 주면서 무엇을 요청했습니까?(5-7절)

③ 하나님께서 발람에게 최초로 보여 주셨던 '하나님의 명백한 뜻' 은 무엇입니까?(12절)

④ 발람은 '내가 능히 여호와 내 하나님의 말씀을 어기어 덜하거나 더하지 못하겠노라' 고 표명했고 또한 12절에서 하나님의 뜻이 명백히 밝혀졌음에도 불구하고, 19절에서 또 다른 하나님의 음성을 고대하는 것은 발람의 마음 속에 어떤 문제가 있음을 보여 줍니까?

⑤ 결국 하나님께서는 어떤 방법으로 발람의 탐심을 책망하십니까?(24-33절)

⑥ 이 교훈을 통해 발람은 하나님께 어떤 고백을 했습니까?(34절)

5. 여러분은 하나님의 뜻을 명백히 알고 있음에도 불구하고 여러분 안에 있는 탐심을 추구하다가 낭패를 경험한 적이 있습니까? 지금도 버리기 힘든 탐심은 무엇입니까?

6. 발람의 교훈에 이어서 두 번째로 책망하는 내용은 무엇입니까?(15절)

주) "니골라당"이란 헬라어로 '승리'를 뜻하는 '니코스'(nikos)와 '백성'을 의미하는 라오스(laos)의 합성어로서 '백성을 지배하여 거짓된 삶으로 인도하는 자'라는 뜻을 내포하고 있습니다. 그들은 영지주의적 자유파로서 헬라 철학의 이원론 사상에 채색되어 있었으며 영·육 분리사상에 따라 육이 범죄한다 해도 영적 순수성을 유지하는 데 영향을 미칠 수 없다고 주장하였습니다. 이들은 이방신 축제일에 동참하여 축제를 즐겼으며 우상제물을 먹었고 세속과 타협하는 삶을 살았습니다.

7. 주님은 발람의 교훈 및 니골라당의 교훈을 추종하는 자들에게 어떤 경고를 주십니까?(16절)

8. 악한 교훈을 물리치고 증거하는 신앙생활을 하는 자들에게 주님께서는 어떤 약속을 주십니까?(17절)

주) "만나"란 광야 시절 이스라엘 백성에게 생명의 양식이었던 것처럼 오늘날에는 신령한 하늘의 양식인 생명의 말씀으로서의 '영적인 만나'를 의미한다고 볼 수 있습니다.

"흰 돌"은 당시 재판석의 광경을 살펴보면 그 의미가 보다 분명해집니다. 당시에는 법정에서 최후 판결을 나타낼 때 돌을 항아리 속에 던져 넣음으로 표시했는데, 검은 돌은 유죄를 흰 돌은 무죄를 선언하는 것이었습니다. 따라서 "흰 돌"이란 우리가 하나님의 법정에서 예수님의 십자가의 은혜로 말미암아 무죄로 선고되어 영생의 축복을 누리게 됨을 의미합니다.

9. 당신의 삶 속에서 발람의 교훈 및 니골라당의 교훈을 따랐던 죄를 구체적으로 주께 고하십시오.

●메 시 지●

버가모 교회는 양면성을 지닌 교회였습니다. 예수님의 이름을 굳게 붙잡고 주님께 충성을 다 바쳐서 헌신했던 안디바 같은 성도가 있는 반면 탐욕을 추구했던 발람 추종자들, 세속에 물든 니골라당의 무리들도 있었습니다. 발람의 교훈은 겉으로는 하나님의 뜻을 추구한다 하면서 속으로는 자신의 탐욕을 버리지 아니한 우리의 내면을 보여 줍니다. 또한 니골라당의 교훈은 명목상 크리스찬이라는 이름은 가졌으나 세상과 타협하며 세상의 원리를 따라 살면서 교회의 권위자로 백성을 인도하는 거짓된 지도자의 모습을 투영시켜 줍니다. 주께서는 그러한 자들에게 회개하라고 명하십니다. 회개하지 않으면 주님이 직접 검으로 싸우시겠다고 선전포고하십니다.

그러나 회개하고 돌이킨 자 즉, 이기는 자들에게는 감추인 만나와 흰 돌을 약속하시는데 '만나'는 하나님의 말씀을, '흰 돌'은 무죄를 상징합니다. 즉 하나님의 말씀을 붙잡고 세상과 타협하지 않으며 순종하는 자들에게는 하나님께서 죄를 용서해 주실 뿐만 아니라 무죄를 선언하는 흰 돌을 주신다는 것입니다. 당시에 흰 돌은 잔치에 들어갈 수 있는 티켓 같은 의미를 지니기도 했습니다. 우리가 예수 그리스도를 믿는다는 것은 그분과 더불어 매일 연회를 베푸는 삶을 의미하는데 그 잔치에 합석할 수 있는 것입니다. 영적으로 부요한 삶은 회개하고 돌이켜 하나님 말씀을 굳건히 붙잡고 사는 사람들의 몫입니다. 이들에게는 더 풍성하고 신령한 양식인 하나님의 말씀을 계속해서 공급해 주심으로 말미암아 예수님과 함께 하는 풍성한 삶을 누리게 됩니다.

여러분은 어떤 인생을 선택하겠습니까? 회개하고 돌이키는 인생입니까, 주님의 검에 공격받는 인생입니까? 신령한 말씀의 양식과 풍성한 생명의 꼴을 공급받는 인생입니까, 메마른 가슴으로 음침한 사막의 골짜기를 헤매는 인생입니까? '사단의 위'에서 순교하기까지 믿음을 저버리지 않고 예수님께 충성한 안디바 같은 인생입니까, 탐욕에 이끌리는 대로 살아간 발람의 교훈과 세속에 물든 니골라당의 교훈을 추종하는 인생입니까? 좌우에 날선 검을 가지신 이 앞에서 여러분의 인생을 지금 선택하십시오.

두아디라 교회 6

■ 본문 : 요한계시록 2:18-29 ■ 요절 : 요한계시록 2:26-27

이기는 자와 끝까지 내 일을 지키는 그에게 만국을 다스리는 권세를 주리
니 그가 철장을 가지고 저희를 다스려 질그릇 깨뜨리는 것과 같이 하리라
나도 내 아버지께 받은 것이 그러하니라

18두아디라 교회의 사자에게 편지하기를 그 눈이 불꽃 같고 그 발이 빛
난 주석과 같은 하나님의 아들이 가라사대 19내가 네 사업과 사랑과 믿
음과 섬김과 인내를 아노니 네 나중 행위가 처음 것보다 많도다 20그러
나 네게 책망할 일이 있노라 자칭 선지자라 하는 여자 이세벨을 네가
용납함이니 그가 내 종들을 가르쳐 꾀어 행음하게 하고 우상의 제물을
먹게 하는도다 21또 내가 그에게 회개할 기회를 주었으되 그 음행을 회
개하고자 아니하는도다 22볼지어다 내가 그를 침상에 던질 터이요 또
그로 더불어 간음하는 자들도 만일 그의 행위를 회개치 아니하면 큰 환
난 가운데 던지고 23또 내가 사망으로 그의 자녀를 죽이리니 모든 교회
가 나는 사람의 뜻과 마음을 살피는 자인 줄 알지라 내가 너희 각 사람
의 행위대로 갚아 주리라 24두아디라에 남아 있어 이 교훈을 받지 아니
하고 소위 사단의 깊은 것을 알지 못하는 너희에게 말하노니 다른 짐으
로 너희에게 지울 것이 없노라 25다만 너희에게 있는 것을 내가 올 때
까지 굳게 잡으라 26이기는 자와 끝까지 내 일을 지키는 그에게 만국을
다스리는 권세를 주리니 27그가 철장을 가지고 저희를 다스려 질그릇
깨뜨리는 것과 같이 하리라 나도 내 아버지께 받은 것이 그러하니라 28
내가 또 그에게 새벽 별을 주리라 29귀 있는 자는 성령이 교회들에게
하시는 말씀을 들을지어다

■ 서문

두아디라 교회는 일곱 교회 중 가장 볼품없는 도시에 위치해 있

었습니다. 이 도시는 알렉산더 대왕의 네 신하 중 한 사람이었던 셀렉코스 1세인 니카터에 의해서 건설된 도시입니다. '두아디라' 라는 이름은 이 도시를 건설했던 니카터의 딸 이름인 '두아'와 성채를 뜻하는 '디라'가 결합되어 '니카터의 딸 두아의 성채'라는 의미를 가지고 있다는 설이 있습니다. 두아디라 도시는 지리적으로는 소아시아의 수도인 버가모의 관문으로서 전략적으로 매우 중요한 도시였습니다. 이곳은 염색업과 모직물 거래의 중심지였는데 이 지역의 물이 염색하기에 매우 좋았고 두아디라 계곡에서 자라는 '꼭두선이' 나무의 뿌리에서 뽑아 내는 자주색 물감의 질이 우수했기 때문이었습니다. 이 덕분에 두아디라 도시는 경제적으로 성장하게 되었고 모든 상인들이 '길드'라는 조합을 구성하여 그들의 권익을 주장하기도 하였습니다. 그런데 이 상인 조합에서는 모임을 가질 때마다 축제를 벌이며 아폴로 신을 향하여 경배하였고 여인들과 함께 음란한 일을 행하곤 했습니다. 그들은 아폴로 신을 수호신으로 받들었고, 아데미의 여신상과 점치는 신전이었던 삼바타를 세우는 등 도시 전체에 우상숭배와 음란한 문화가 성행하는 데에 기여하였습니다.

이러한 도시 속에 거하고 있는 두아디라 교회에게 예수님은 자신을 "눈이 불꽃같고 그 발이 빛난 주석과 같은 하나님의 아들"이라고 소개하십니다. '눈이 불꽃같다'는 표현은 두아디라 교회에 번지고 있는 위선과 거짓 그리고 거짓 선지자들을 꿰뚫어 보시는 예수 그리스도의 눈을 말합니다. '발이 빛난 주석 같다'는 말은 심판의 예수님을 뜻하고 '하나님의 아들'이란 하나님을 알지 못한 채 아폴로 태양신을 숭배하고 황제 숭배를 했던 이 도시에 하나님의 아들이 말씀하신다는 것입니다. 그 눈이 불꽃같고 발이 빛난 주석과 같은 하나님의 아들이 말씀하십니다. 귀 기울여 경청해 보십시오.

▣ 본문관찰 및 토의

1. 두아디라 교회의 사자에게 말씀하시는 예수님은 어떤 분입니까?(18절) 그 모습을 상상해 보고 그림으로 그려보십시오. 또한 이러한 예수님은 두아디라 교회의 형편과 관련하여 어떤 의미가 있는지 서론을 참고하여 설명해 보십시오.

18절에 나타난 예수님의 모습

2. 이 교회는 무엇에 대해 칭찬받습니까?(19절)

①	②	③
④	⑤	⑥

주) "사업"이란 헬라어로 '에르가'로서 계시록 2:2에서 표현된 "행위"와 같은 단어이며 '하나님의 어떠한 사역을 추진해 나갈 때의 열심있는 행위'를 의미합니다. 이 교회는 에베소 교회에 결핍되었던 사랑을 가지고 있었으며 이 사랑에 기초한 자발적 봉사로서의 섬김이 있었습니다. 그들은 고난과 역경을 참고 견디어내는 인내가 있었으며 세월이 흐를수록 성숙한 행위의 열매를 맺었습니다.

3. 주님께서 여러분의 삶을 바라보실 때 위의 6가지 요소 중 부족하다고 판단하실 만한 사항은 무엇입니까? 이 여섯 가지를 구비했던 두아디라 교회 성도들의 신앙 수준은 어느 정도이겠습니까?(상, 중, 하)

4. 20-24절 말씀을 읽고 주님께서 두아디라 교회를 책망하시는 핵심적인 사항이 무엇인지 파악해 보십시오.

5. 본문에 나타난 이세벨의 특징을 목록으로 작성해 보십시오.

6. '자칭 선지자 이세벨' 과 두아디라 교회는 성경의 진리를 어떻게 위배했습니까? 아래의 항목을 서로 연결하면서 설명해 보십시오 (본문은 하단에 있습니다).

a. 고전 8:7	●	●	1. 자칭 선지자
b. 약 3:1	●	●	2. 거짓 선지자를 용납함
c. 벧후 2:1	●	●	3. 성도들을 잘못 가르치고 유혹함
d. 계 2:5	●	●	4. 행음하게 함
e. 살전 4:3-4	●	●	5. 우상의 제물을 먹게 함
f. 신 13:5상	●	●	6. 회개할 기회를 주었으되 그 음행을 회개하고자 아니함

• 고린도전서 8:7

7그러나 이 지식은 사람마다 가지지 못하여 어떤 이들은 지금까지 우상에 대한 습관이 있어 우상의 제물로 알고 먹는 고로 그들의 양심이 약하여지고 더러워지느니라

• 야고보서 3:1

1내 형제들아 너희는 선생된 우리가 더 큰 심판 받을 줄을 알고 많이 선생이 되지 말라

• 베드로후서 2:1

1그러나 민간에 또한 거짓 선지자들이 일어났었나니 이와 같이 너희 중에도 거짓 선생들이 있으리라 저희는 멸망케 할 이단을 가만히 끌어들여 자기들을 사신 주를 부인하고 임박한 멸망을 스스로 취하는 자들이라

• 요한계시록 2:5

5그러므로 어디서 떨어진 것을 생각하고 회개하여 처음 행위를 가지라 만일 그리하지 아니하고 회개치 아니하면 내가 네게 임하여 네 촛대를 그 자리에서 옮기리라

• 데살로니가전서 4:3-4

3하나님의 뜻은 이것이니 너희의 거룩함이라 곧 음란을 버리고 4각각 거룩함과 존귀함으로 자기의 아내 취할 줄을 알고

• 신명기 13:5

5그 선지자나 꿈 꾸는 자는 죽이라 이는 그가 너희로 너희를 애굽 땅에서 인도하여 내시며 종 되었던 집에서 속량하여 취하신 너희 하나님 여호와를 배반케 하려 하며 너희 하나님 여호와께서 네게 행하라 명하신 도에서 너를 꾀어내려고 말하였음이라 너는 이같이 하여 너희 중에서 악을 제할지니라

7. 이세벨은 본문의 내용으로 볼 때 교회에서 어떤 위치에 있었던 여인입니까? 아래의 항목을 연결해 보십시오.

본 문			해 설
a. 내 종들을 가르쳐 꾀어 (20절)	●	●	1. 성도들에게 악영향을 끼치는 위치
b. 자칭 선지자(20절)	●	●	2. 가르치는 교사의 위치
c. 그로 더불어 간음하는 자를 둠(22절)	●	●	3. 하나님이 부여하신 지도력이 아니라 자신이 스스로 수립한 인간적 지도력을 주장하는 자

8. 두아디라 교회는 사랑이 풍성하였으며 신앙의 행위로 말미암는 괄목할 만한 업적도 남겼고 섬김과 인내가 충만했습니다. 그런데 음란과 우상 숭배의 화신 이세벨을 지도자요, 교사로 용납하고 받아들였습니다. 주님께서는 두아디라 교회가 이처럼 잘못된 지도자를 받아들이고 용납한 죄를 송곳처럼 날카롭게 지적하십니다. 이 사실은 오늘날의 그리스도인들이 결코 회피해서는 안되는 새로운 메시지를 던져 줍니다. 여러분은 이 시대의 지도자들을 어떻게 분별하며 기도하는 삶을 살고 있습니까?

9. 예수님께서는 회개하지 않는 이세벨에게 어떻게 경고하십니까?
22절 :

주) '침상'은 영어 성경(NASB)에서 "고통의 침상"(a bed of sickness)으로 사용되고 있습니다. 파엘이라는 학자는 사랑의 침상을 더럽힌 이세벨이 질병의 침상에서 세월을 보내야 마땅하다고 말합니다. 즉, 이 말은 회개치 아니할 때 주님께서는 이 여인을 '병상에 던질 것'이라는 뜻입니다.

23절 :

10. 주님께서 이 교회에 주시는 명령은 무엇입니까?(25절)

11. 주님의 명령을 따라 승리하는 삶을 살 때 주시는 특별한 약속은 무엇입니까?

· 26절 :

· 27절 :

· 28절 :

주) 28절에서 새벽별이란 일반적으로 예수 그리스도 자신을 의미합니다. 계시록 22:16에서 예수님께서는 다음과 같이 말씀하셨습니다. "나 예수는 교회들을 위하여 내 사자를 보내어 이것들을 너희에게 증거하게 하였노라 나는 다윗의 뿌리요 자손이니 곧 광명한 새벽별이라 하시더라"

●메 시 지●

두아디라 교회는 믿음의 행위가 있었고, 신앙이 성숙했으며, 아름다운 사랑과 섬김이 있는 훌륭한 교회였습니다. 그러나 그들은 이세벨을 용납한 것 때문에 예수님의 책망을 받습니다. 그녀는 예수님의 종들을 가르치는 자로서 사람들을 꾀어 행음하게 하고 우상의 제물을 먹게 했습니다.

예수님께서는 이러한 이세벨에게 회개할 기회를 주셨습니다. 그러나 그녀는 회개하려 하지 않았습니다. 예수님께서는 그녀와 그녀를 따르는 무리에게 심판을 경고하십니다. 이때 예수님께서는 거짓 선지자인 이세벨에게만 책망과 경고를 주시는 것이 아니라 두아디라 교회 전체에 그 책임을 물으십니다. 이것은 하나님의 백성에게 지도자의 거짓된 가르침을 분별할 책임이 있다는 주님의 명시적 의사표시입니다. 개인적으로 신앙의 순결을 지키며 열심히 기도하고 섬기는 것도 중요하지만 공동체에 대해서도 책임이 있다는 것을 말씀하시는 것입니다. 누룩이 제거되지 않으면 온 덩어리에 퍼집니다. 교회의 한쪽이 이세벨과 같은 세력에 의해 썩어가고 있는데도 이에 대해 기도하지 않고 견책하지 않은 채 개인적인 순결만을 고집한다면 언젠가는 그 부패의 파장이 모두에게 미칠 것입니다.

우리는 때로 사랑한다는 개념과 공의를 세운다는 개념을 혼동하기 쉽습니다. 사랑하기 때문에 이런 사람까지 전부 감싸야 한다고 생각합니다. 그러나 이것은 별개의 문제입니다. 작은 종기로 인해 교회 전체가 썩을 수 있다는 것을 항상 염두에 두어야 합니다. 하나님의 교회는 개인의 순결만이 아닌 공동체의 순결을 요구합니다. 여러분의 교회를 돌아보십시오. 또한 여러분의 내면 중에 어느 한 부분이 죄를 용납하고 있지는 않은지 영혼의 현미경으로 자신을 자세히 살펴보십시오. 그리고 온전히 회개하여 전인격적으로 성결한 삶을 살아가십시오. 또한 주님께서는 이세벨의 거짓 교훈을 받지 않는 사람들에게는 주님 오실 때까지 그들에게 있는 것을 굳게 잡으라고 하시며 이기는 자와 끝까지 지키는 자에게는 만국을 다스리는 권세를 주시겠다고 약속하십니다. 더불어 그는 철장을 가지고 저희를 다스려 질그릇 깨뜨리는 것과 같이 하리라고 말씀하십니다. 악한 세력들이 오히려 더욱 번창하는 것처럼 보일 때 우리는 낙심하기 쉽습니다. 그러나 주님은 그러한 자들을 바싹 마른 질그릇이라고 분명히 말씀하십니다. 질그릇은 떨어뜨리면 산산조각이 납니다. 주께서 철장을 가지고 악한 세력들의 죄를 다스려 질그릇을 깨뜨리는 것과 같이 하시리라고 약속하십니다. 소망을 가지십시오. 주님께서 다시 오실 때까지 여러분에게 있는 것을 굳게 잡으십시오.

사데 교회 7

■ 본문 : 요한계시록 3:1-6 ■ 요절 : 요한계시록 3:4

그러나 사데에 그 옷을 더럽히지 아니한 자 몇 명이 네게 있어
흰옷을 입고 나와 함께 다니리니 그들은 합당한 자인 연고라

1사데 교회의 사자에게 편지하기를 하나님의 일곱 영과 일곱 별을 가진
이가 가라사대 내가 네 행위를 아노니 네가 살았다 하는 이름은 가졌으
나 죽은 자로다 2너는 일깨워 그 남은 바 죽게 된 것을 굳게 하라 내 하
나님 앞에 네 행위의 온전한 것을 찾지 못하였노니 3그러므로 네가 어
떻게 받았으며 어떻게 들었는지 생각하고 지키어 회개하라 만일 일깨지
아니하면 내가 도적같이 이르리니 어느 시에 네게 임할는지 네가 알지
못하리라 4그러나 사데에 그 옷을 더럽히지 아니한 자 몇 명이 네게 있
어 흰 옷을 입고 나와 함께 다니리니 그들은 합당한 자인 연고라 5이기
는 자는 이와 같이 흰 옷을 입을 것이요 내가 그 이름을 생명책에서 반
드시 흐리지 아니하고 그 이름을 내 아버지 앞과 그 천사들 앞에서 시인
하리라 6귀 있는 자는 성령이 교회들에게 하시는 말씀을 들을지어다

■ 서론

이 서신이 쓰여지기 700여 년 전의 사데 도시는 세계에서 가장 큰 도시 중에 하나였습니다. 당시 사데 도시는 막강한 부를 자랑하였고 심지어 이 도시의 남쪽을 관통하는 팍토루오(Pactoluo)강에는 사금이 가득 흐르고 있었다고 전해옵니다. 그후 이 도시는

페르시아 제국 통치 시절에 역사에서 자취를 감추었다가 이 서신이 쓰여질 무렵에 다시 도시의 활기를 회복하여 모직품 교역의 중심지가 되었고 모사 염색 기술과 방직업이 상당히 발달하였습니다. 이로 인한 물질적 풍요 속에서 도시민들은 사치와 방종, 음란과 퇴폐로 생명력과 능력을 상실하고 있었습니다. 그 속에 있던 사데 교회는 이러한 시대 정신을 거슬러 승리하지 못하고 죽은 송장과 같은 모습을 하고 있었습니다. '살았다'는 이름은 가졌으나 실상은 죽은 교회였습니다.

▣ 본문관찰 및 토의

1. 주님께서는 사데 교회의 사자를 향하여 자신을 어떻게 소개하고 있습니까?(1절) 이러한 표현은 사데 교회와 어떤 연관성이 있습니까?

2. 서머나 교회와 빌라델비아 교회는 칭찬만 듣고 책망은 받지 않았습니다. 그에 반해 라오디게아 교회와 사데 교회는 호된 책망만 받았는데, 그 주된 이유는 무엇입니까?

· 1절

· 2절

3. 여러분 각 자의 밖으로 알려진 종교적 외양('살았다 하는 이름')과 삶으로 입증된 신앙의 진정성(眞正性, '죽은 자')을 예를 들어 설명해 보십시오.

4. 사데 교회는 생명력을 상실해 버린 교회였습니다. 이 교회가 소생할 가능성이 있다고 생각합니까? 예수님은 이 교회를 향하여 어떤 치유의 메시지를 주십니까? 5가지로 정리해 보십시오.

a. 2절 ________________________ (wake up)

b. 2절 ________________________ (strengthen)

c. 3절 ________________________ (remember)

d. 3절 ________________________ (keep)

e. 3절 ________________________ (repent)

5. 주님께서 제시한 치유책을 이행치 않을 때 주시는 경고는 무엇입니까?(3절)

6. 신앙이 무덤으로 변해 버린 사데 교회에 예외가 있었습니까? 이들의 특징을 목록으로 작성해 보십시오(4절).

7. 주님께서 주신 처방을 따라 승리하는 삶을 사는 자에게 주시는 보상은 무엇입니까?(5절)

8. 그동안 여러분이 경험했던 교회 중 사데 교회의 이미지와 비슷한 곳은 없습니까? 있다면 어떤 점에서 그렇습니까? 자세히 설명한 후 그 교회를 위해서 간절히 기도하십시오.

9. 사데 교회가 여러분 자신의 신앙적 내면을 보여 주고 있다고 느껴진다면 이 시간 주님 앞에 무릎을 꿇고 여러분 자신의 모습을 고백하십시오.

●메 시 지●

본래 사데 지역은 거대한 투몰루스산 정상에 건설된 도시였습니다. 이 도시는 가파른 산세를 배경으로 천연의 요새를 이루고 있었습니다. 모든 도시민들은 하늘이 베풀어 준 철옹성 같은 자연성을 자랑스러워 했고 만족스러워 했습니다. 그러나 그들이 그렇게 신뢰했던 난공불락의 성 투몰루스산도 역사상 두 번 고레스왕 때와 안티오커스왕 때 함락당했습니다. 그런데 공교롭게도 두 번 다 초소의 군사들이 깊이 잠든 새벽녘에 기습 공격을 받아 무너져 내렸습니다. 사데 사람들은 방어에 대한 개념이 없었기 때문에 전투력이 서서히 죽어 갔던 것입니다. 그들은 두 번 함락당하는 역사적 수치를 통해 '네가 살았다 하는 이름은 가졌으나 죽은 자로다'라는 말의 참람함을 알고 있었습니다. 사데 교회 역시 마찬가지였습니다. 종교의 허울을 쓰고 있으나 신앙의 본질을 상실해버린 것입니다. 그럼에도 불구하고 주님은 그들에게 희망을 잃지 않고 오히려 살 수 있는 기회를 주십니다. "그러므로 네가 어떻게 받았으며 어떻게 들었는지 생각하고 지키어 회개하라 …"(계 3:3).

그러나 지키어 회개하지 않으면 예수님께서 도적같이 오시겠다고 합니다. 이것은 데살로니가전서 5장, 누가복음 12장, 마태복음 24장, 마태복음 25장에도 나오는 말씀으로써 준비하고 깨어 있으라, 충성하라는 메시지입니다. 준비하고 깨어 있되 예수 그리스도의 영으로 거듭나 생명을 가진 자로서 선한 행위, 즉 하나님의 말씀을 부지런히 공부하고 순종하라는 것입니다. 그러면 예수님이 언제 오셔도 겁날 것이 없습니다.

책망만 받은 사데 교회에도 주의 칭찬을 받는 몇 사람이 있었습니다. 그들은 '그 옷을 더럽히지 아니한' 자들로 흰옷을 입고 다니며 주와 함께 다니리라 하십니다. 그들은 합당한 자이기 때문입니다. 잘 지키는 자, 이기는 자들에게는 이와 같이 흰옷이 허락되며, '그 이름을 생명책에서 반드시 흐리지 아니하고 그 이름을 아버지 앞과 천사들 앞에서 시인하리라'고 약속하십니다. 계시록 19장 8절에 의하면, 흰옷은 깨끗한 세마포로서 성도들의 옳은 행실을 가리키는데, 반드시 어린양의 피에 그 옷을 씻어서 희게 된다고 합니다. 다시 말해 예수 그리스도를 믿고 영접해서 거듭난 생명을 가진 이들이 입고 있는 옷인데 구원받은 성도로서의 마땅한 선한 행위를 가리키는 것입니다.

우리의 모습은 과연 어떠합니까? 지금껏 살았다고 생각했는데 정말 그렇습니까? 여러분의 마음 속에 진실로 하나님 말씀을 추구하고 말씀대로 순종하려는 선한 소원이 있습니까? 사람들 눈에는 그럴듯해 보이지만 예수님이 평가하실 때는 사실상 죽은 자의 모습은 아닙니까? 여러분은 과연 그리스도인다운 행동을 하면서 살아가고 있습니까? 세상 사람들이 보기에도 여러분은 구별되는 그리스도인입니까? 영혼이 깨어 있는 신앙, 감격의 생명이 있는 신앙, 열정과 뜨거움이 있는 신앙, 하나님에 대한 사랑과 이웃을 향한 눈물을 가진 신앙을 주시도록 주님께 간절히 기도하십시오.

빌라델비아 교회 8

■본문 : 요한계시록 3:7-13 ■요절 : 요한계시록 3:8

볼지어다 내가 네 앞에 열린 문을 두었으되 능히 닫을 사람이 없으리라
내가 네 행위를 아노니 네가 적은 능력을 가지고도
내 말을 지키며 내 이름을 배반치 아니하였도다

7빌라델비아 교회의 사자에게 편지하기를 거룩하고 진실하사 다윗의
열쇠를 가지신 이 곧 열면 닫을 사람이 없고 닫으면 열 사람이 없는 그
이가 가라사대 8볼지어다 내가 네 앞에 열린 문을 두었으되 능히 닫을
사람이 없으리라 내가 네 행위를 아노니 네가 적은 능력을 가지고도 내
말을 지키며 내 이름을 배반치 아니하였도다 9보라 사단의 회 곧 자칭
유대인이라 하나 그렇지 않고 거짓말하는 자들 중에서 몇을 네게 주어
저희로 와서 네 발 앞에 절하게 하고 내가 너를 사랑하는 줄을 알게 하
리라 10네가 나의 인내의 말씀을 지켰은즉 내가 또한 너를 지키어 시험
의 때를 면하게 하리니 이는 장차 온 세상에 임하여 땅에 거하는 자들
을 시험할 때라 11내가 속히 임하리니 네가 가진 것을 굳게 잡아 아무나
네 면류관을 빼앗지 못하게 하라 12이기는 자는 내 하나님 성전에 기둥
이 되게 하리니 그가 결코 다시 나가지 아니하리라 내가 하나님의 이름
과 하나님의 성 곧 하늘에서 내 하나님께로부터 내려오는 새 예루살렘
의 이름과 나의 새 이름을 그이 위에 기록하리라

▣ 서론

'빌라델비아'라는 단어는 '사랑'을 의미하는 '필로스'와 '형제'를 의미하는 '아델포스'가 결합된 단어입니다. 이 도시는 주전

140년 경 버가모 왕조에 속한 아탈루스 2세에 의해 건설되었습니다. 당시에 소아시아 지역을 지배했던 왕은 유메네스 2세였는데, 타국에 갔던 그가 살해되었다는 소문이 돌자 그 뒤를 이어 동생인 아탈루스 2세가 왕위에 즉위하게 됩니다. 그런데 그것은 소문이었을 뿐, 유메네스 2세가 그리스로부터 귀환하게 됩니다. 이때 동생인 아탈루스 2세는 로마 정부로부터의 지지가 있었음에도 불구하고 양보를 당연히 여기며 왕위에서 물러납니다. 이 아탈루스 2세가 초야에 묻혀서 묵묵히 건설한 도시가 빌라델비아입니다. '빌라델비아'란 이름은 '형을 지극히 사랑한 자'라는 의미가 담겨 있습니다.

이 도시는 지진이 많았고 포도와 직물, 피혁이 주산품이었습니다. 역사상 이 도시는 소아시아 지역이 회교 문명권에 장악되어 갈 때에 굳건하게 기독교 도시로 남아 있었던 지역입니다. 그래서 역사가인 기본(Gibon)도 이 도시는 기독교적인 불굴의 정신을 가지고 있었노라고 찬양했습니다. 계시록의 일곱 개 도시 중에서 빌라델비아와 서머나 만이 오늘날까지 도시의 형태로 남아 있고 나머지 도시들은 모두 형체도 없이 사라진 채 유물만 조금씩 남아 있습니다.

빌라델비아 교회는 주님으로부터 어떤 평가를 받았습니까? 어떤 권면을 받습니까? 이 교회의 모습을 살펴보면서 여러분이 속한 공동체와 여러분에게 주시는 교훈에 귀 기울여 보십시오.

▣ 본문관찰 및 토의

1. 빌라델비아 교회를 향하여 말씀하시는 예수님은 자신을 어떻게 소개하고 있습니까?(7절) 이러한 예수님의 모습은 빌라델비아 교회와 어떤 연관을 갖고 있습니까?(7-8절) 예수님께서 빌라델비아

교회에 주신 특별한 축복은 무엇입니까?(8절)

2. 예수님께서 빌라델비아 교회를 향하여 책망하신 말씀이 있습니까? 칭찬을 두 가지로 표현해 보십시오(8절 이하). 배반치 않았다는 말씀은 빌라델비아 도시의 건설자였던 아탈루스 2세의 삶과 어떤 점에서 연관성을 갖고 있습니까?

3. 여러분은 '능력 적음' 을 한탄한 적이 있습니까? 예수님께서는 '능력 적음' 과 '말씀 준수' 중에서 무엇을 더 중요하게 생각하십니까?(8절)

4. 빌라델비아 교회가 직면했던 어려움은 무엇이었습니까?(9-10절)

5. 교회 안에 거하면서 교회를 어지럽히는 자들이 있을 때 우리는 누구를 바라보아야 합니까?(9절) 열면 닫을 사람이 없고 닫으면 열 사람이 없는 예수님께서 '사단의 회' 들을 어떻게 하시겠다고 약속하십니까?

6. 칭찬만 받고 책망받을 요소가 없었던 빌라델비아 교회가 예수님으로부터 특별히 권면받은 사항은 무엇입니까?(11절) 빌라델비아 교회가 가지고 있었던 것은 무엇이었습니까?(8절)

7. 이기는 자에게 주시는 약속 두 가지를 설명해 보십시오(12절).

주) '그가 결코 다시 나가지 아니하리라'(12절)는 '그가 결코 하나님의 성전으로부터 나가게 되지 아니하리라'(NASB: He will not go out from it -the temple of My God- any more)를 의미합니다.

8. 하나님께서 여러분과 여러분이 속한 공동체를 보실 때 두 가지를 칭찬하신다면 어떤 것이 있겠습니까? 여러분은 그 두 가지 장점을 어떤 자세로 살려 가야 하겠습니까?(11절)

	여러분의 장점	여러분이 속한 공동체의 장점
1		
2		

9. 여러분은 교회를 어지럽히는 자들 때문에 시험에 든 적은 없었습니까? 그 문제를 어떻게 해결했습니까? 여러분은 장차 신앙생활을 해 나갈 때 '사단의 회' 같은 자들 즉 교회를 훼방하는 자들을 만나게 될 때 어떤 태도를 취하겠습니까?(8-9절)

●메 시 지●

예수님께서 말씀하십니다. “내가 속히 임하리니 네가 가진 것을 굳게 잡아 아무나 네 면류관을 빼앗지 못하게 하라”(계 3:11). 가진 능력은 적을지라도 그것을 굳게 잡아 면류관을 지키라 하십니다. 그리고 이기는 자에게 하나님의 성전에 기둥이 되게 하신다는 축복을 약속하십니다. 기둥은 건축물을 가장 강력하게 지탱하는 힘입니다. 하나님의 성전을 가장 강하게 지탱하는 힘을 얻는 축복이 빌라델비아 교인들에게 임한다는 말입니다. 또한 하나님의 이름, 하나님의 성 곧 하늘에서 하나님께로부터 내려오는 새 예루살렘의 이름, 예수님의 새 이름 등 하나님께 속한 이 모든 것들을 이기는 자의 위에 기록한다고 하십니다. 이것은 하나님의 왕국 입성에 대한 확실한 보증이요, 인증입니다. 빌라델비아 도시에는 지진이 잦았습니다. 그래서 때때로 건축물들이 무너져 내렸기 때문에 지진이 일어나기만 하면 식량을 가지고 도시 밖으로 대피하곤 했습니다. 그런데 주께서는 이 흔들리는 도시에 흔들리지 않는 견고한 기둥을 빌라델비아 교인들로 삼겠다고 말씀하십니다. 이 위대한 두 가지 약속은 열면 닫을 자가 없고 닫으면 열 자가 없는 능력의 주님이 주신 것입니다. 그런데 이 충성스런 빌라델비아 교인들 주위에 좋은 동역자들만 있었던 것은 아니었습니다. 그들 중에는 사단의 회에 속한 자도 있었습니다. 그들은 충성하는 성도들을 때때로 기롱했습니다. 그들은 세상과 타협하며 지혜있게 사는 듯 했습니다. 그러나 그들은 세속에 물들었고, 교회의 시험거리였습니다.

그런데 주께서 사단의 회로 하여금 신실한 신자들 앞에 엎드려 절하게 하여 시험의 때를 면하게 해주시겠다고 하십니다. 사랑하는 성도 여러분! 적은 능력으로 인해 절망하지 마십시오. '사단의 회' 같은 무리들을 보고 낙담하지 마십시오. 시험의 때를 당할 때 낙심하지 마십시오. 주께서 여러분 곁에 계십니다. 주께서 여러분을 보증하시고 말씀하십니다. "내가 속히 임하리니 네가 가진 것을 굳게 잡아 아무나 네 면류관을 빼앗지 못하게 하라"(계 3:11).

라오디게아 교회 9

■ 본문 : 요한계시록 3:14-22 ■ 요절 : 요한계시록 3:15-16

내가 네 행위를 아노니 네가 차지도 아니하고 더웁지도 아니하도다 네가 차든지 더웁든지 하기를 원하노라 네가 이같이 미지근하여 더웁지도 아니하고 차지도 아니하니 내 입에서 너를 토하여 내치리라

14라오디게아 교회의 사자에게 편지하기를 아멘이시요 충성되고 참된
증인이시요 하나님의 창조의 근본이신 이가 가라사대 15내가 네 행위를
아노니 네가 차지도 아니하고 더웁지도 아니하도다 네가 차든지 더웁
든지 하기를 원하노라 16네가 이같이 미지근하여 더웁지도 아니하고 차
지도 아니하니 내 입에서 너를 토하여 내치리라 17네가 말하기를 나는
부자라 부요하여 부족한 것이 없다 하나 네 곤고한 것과 가련한 것과
가난한 것과 눈먼 것과 벌거벗은 것을 알지 못하도다 18내가 너를 권하
노니 내게서 불로 연단한 금을 사서 부요하게 하고 흰 옷을 사서 입어
벌거벗은 수치를 보이지 않게 하고 안약을 사서 눈에 발라 보게 하라 19
무릇 내가 사랑하는 자를 책망하여 징계하노니 그러므로 네가 열심을
내라 회개하라 20볼지어다 내가 문 밖에 서서 두드리노니 누구든지 내
음성을 듣고 문을 열면 내가 그에게로 들어가 그로 더불어 먹고 그는
나로 더불어 먹으리라 21이기는 그에게는 내가 내 보좌에 함께 앉게 하
여 주기를 내가 이기고 아버지 보좌에 함께 앉은 것과 같이 하리라 22
귀 있는 자는 성령이 교회들에게 하시는 말씀을 들을지어다

■ 서론

라오디게아 교회의 특징을 한마디로 표현한다면 뜨뜻미지근한 교회라고 말할 수 있습니다. 미국인들은 콜라나 사이다를 마실 때

겨울에도 얼음 조각을 넣어서 차갑게 마십니다. 반면에 스프를 마실 때는 항상 뜨겁게 마십니다. 식어빠진 스프나 미지근한 콜라를 마신다면 기분이 어떻겠습니까? 입에서 토해내고 싶을 것입니다. 라오디게아 교인들은 충성, 헌신, 열심 등의 단어가 의미하는 바를 상실한 채 게으름과 무기력, 권태와 안일의 신앙생활로 일관했습니다. 오늘날 국민소득 2만 달러를 자랑하는 한국 교회의 모습은 어떻습니까? 여러분이 속한 교회는 라오디게아 교회의 특징을 가지고 있지 않습니까? 이에 대한 주님의 처방은 무엇입니까?

▣ 본문관찰 및 토의

1. 라오디게아 교회에 보내는 편지에서 예수님이 어떤 분으로 표현되고 있습니까?(14절)

2. 예수님께서는 라오디게아 교회를 어떻게 진단하십니까?(15-16절). 결국 어떻게 하시겠다고 말씀합니까?(16절 이하)

3. 라오디게아 성도들은 자신을 어떻게 평가하고 있습니까?(17절) 자신의 평가와 주님의 평가가 어떻게 대조를 이룹니까?

---

4. 예수님께서 라오디게아 교회에 주시는 처방을 정리해 보십시오 (18-19절).

a. 불로 연단한 금을 ______________________________

주) 불로 연단한 금이란 불로 제련되어 불순물이 제거된 정결한 신앙 즉 시련을 통해 정금같이 연단된 믿음을 의미하며 불과 같이 열정적인 헌신을 회복하라는 부름의 말씀입니다.

b. ______ 을 사서 입어 _____________를 보이지 않게 하라

주) 라오디게아 도시는 양모로 된 최고급 옷을 생산하는 도시였습니다. 흰 옷은 그리스도의 보혈로 말미암아 희게 속죄받은 구원의 옷을 의미합니다.

c. ______ 을 사서 눈에 발라 보게 하라

주) 이 도시에서는 유명한 의약품들이 개발되었습니다. 특별히 눈에 바르는 안약과 귀에 바르는 연고는 특효약으로 명성을 떨치고 있었습니다. 라오디게아 교회는 경제적인 부요로 인하여 육적인 눈은 밝을지라도 영적인 눈이 어두워서 주님으로부터 책망을 받고 있습니다. 주님께서는 영안이 밝아지기 위해서 적극적인 신앙

의 모습을 취할 것을 권면하십니다.

이 세 가지를 도표화하면 다음과 같습니다.

17절		18절
진 단		처 방
가난한 것	↔	불로 연단한 금을 사라
벌거벗은 것	↔	흰 옷을 사서 입으라
눈먼 것	↔	안약을 사서 눈에 발라 보게 하라

d. 네가 ______ 을 내라

주) "열심"은 헬라어로 '젤로오' 인데 현재 능동태 명령법으로써 '계속하여 열심을 내라' 는 의미가 담겨 있습니다. 단지 사물과 대상에 대하여 피상적으로 습관적, 관행적으로 행하는 것이 아니라 대상에 대해 뜨거운 마음을 가지고 온 마음과 최선을 다하는 마음을 말합니다. 열심은 사역에 창조적 아이디어와 풍성한 열매를 가져다 줍니다. 따라서 그리스도를 향한 열심이 내 안에 있는지 점검해 볼 수 있습니다.

CHECK LIST (1-무관심 3-미지근함 5-열심)					
그리스도에 대한 뜨거운 사랑	1	2	3	4	5
온 마음을 다한 최선	1	2	3	4	5
그리스도와 사역에 대한 이해도	1	2	3	4	5
창조적 아이디어의 정도, 사역의 열매	1	2	3	4	5

e. ______ 하라

5. 미지근한 신앙을 가진 자들을 향하여 주님께서는 "볼지어다 내가 문 밖에 서서 두드리노니 누구든지 내 음성을 듣고 문을 열면 내가 그에게로 들어가 그로 더불어 먹고 그는 나로 더불어 먹으리라"고 말씀하십니다. 미지근한 자들은 18-19절의 말씀에서 보는 바와 같이 예수님께서 말씀하신 5가지 조처를 취해야 합니다. 예수님이 우리의 마음을 노크하실 때 어떻게 반응해야 하겠습니까?(20절) 20절을 암송하십시오.

6. 미지근한 신앙을 가진 라오디게아 성도들 중에서 예수님의 권면과 명령을 따라 승리하는 신앙을 가진 자들(21절에서는 "이기는 그"로 표현됨)에게 주어진 약속은 무엇입니까?

7. 다시 한번 본문을 읽으면서 라오디게아 교회와 성도들을 언급하는 단어에 □ 표시를 하고 그들에 대한 주제별 목록을 작성해 보십시오.

8. 여러분이 생각컨대 여러분의 삶에서 부요한 것은 무엇입니까? 영혼의 풍요로움을 위해 여러분의 부요 중 무엇을 팔아서 금과 흰 옷과 안약을 사시겠습니까? 구체적으로 설명하고 결단하십시오.

- □ TV 보는 시간을 줄여서 성경과 신앙서적을 읽겠다.
- □ 저녁 회식 모임 횟수를 줄이고 1주에 하루는 가족 예배를 드리겠다.
- □ 의복과 문화생활에 투자하는 비용을 줄이고 이웃과 더불어 사는 삶을 위하여 장애인 사역에 쓰겠다.
- □ 기타 (   )

●메 시 지●

인간의 가장 큰 약점 중에 하나는 자신의 실체를 잘 알지 못하는 것입니다. 많은 사람들이 스스로 자기를 속이며 착각 속에 살아갑니다. 라오디게아 교인들은 자신들이 부자이고 부족한 것이 없다고 착각하였습니다. 그러나 예수님께서는 스스로 부요하여 부족한 것이 없다고 하는 라오디게아인들에게 곤고하고 가련한 자라고 말씀합니다. '곤고하다'는 말은 로마서 7장 24절에 있는 바울의 탄식 속에 나옵니다. 스스로 곤고한 자라고 신음하며 그 사망의 몸에서 자신을 건져낼 이를 찾던 바울은 예수 그리스도로 말미암아 하나님께 감사를 드립니다. '가련하다'는 표현은 고린도전서 15장 19절에 나오는데, 만일 그리스도 안에서 우리가 바라는 것이 이생뿐이라면 우리는 모든 사람 중에 가장 가련한(한글개역 성경은 "불쌍한"으로 번역됨) 자라고 합니다. 예수를 믿는다 하면서 주일이나 휴일에 쉬지도 못하고 늘 교회에서 지냈음에도 불구하고 결국 예수님을 만나 뵈었을 때엔 가짜임이 드러난다면 이 얼마나 불쌍한 자입니까? 라오디게아 교회의 상태가 바로 이러했습니다.

그들은 가난한 자였습니다. 예수님께서는 "내게 와서 불로 연단한 금을 사서 부요하게 하라"(계 3:18)고 권면하십니다. 시험을 이길 힘을 주님께 구하며 극복했을 때 우리의 믿음은 금과 같이 단련됩니다.

또한 그들은 눈먼 자였습니다. 그 지역은 의학이 발달되었고 안약이 특산품이었으므로 육신의 눈이 아플 때면 언제든지 안약을 사서 바르고 나을 수 있었습니다. 그러나 영적으로는 소경이었습니다. 영적 소경을 고치실 유일하신 분은 예수 그리스도이십니다. 예수님을 아직 영접한 경험이 없는 사람들은 말씀 속에서 예수님을 만날 수가 있고 모셔들일 수 있습니다. 또한 예수님과 더불어 먹고 마실 수 있습니다. 그런데 예수님을 이미 영접한 사람들 가운데 영적인 눈이 흐려진 사람이 있습니다. 베드로 사도는 믿음에 일곱 가지 덕목을 계속해서 공급하지 않는 사람들은 시야가 어두워진다고 말씀합니다. 계속해서 예수 그리스도를 만나지 못하고 그분에게서 안약을 사서 바르지 않을 때 우리의 영적 시야가 점점 어두워지게 됩니다.

그들은 벌거벗은 자였습니다. 그 지역에서는 질 좋은 모직이 생산되기에 겉옷은 화려하게 입고 다니지만, 영적으로는 벌거벗었다고 말씀하십니다. 그러므로 예수 그리스도의 보혈의 공로로 깨끗해진 흰 옷을 입어 벌거벗은 수치를 보이지 않게 하라고 권면하십니다. 흰 옷은 빛나고 깨끗한 세마포로 성도들의 옳은 행실을 가리킵니다. 우리가 예수님을 믿는다 하지만 그로 인한 참된 행함이 없다면 그것은 벌거벗고 다니는 것과 같습니다. 예수 그리스도의 말씀을 배우고 그대로 순종할 때, 우리는 희고 깨끗한 세마포를 입고 있는 것입니다. 이 예복을 입으면 어린양의 혼인 잔치에 참여할 수 있습니다. 혼인 잔치 자리에 초청을 받아서 앉아 있다 해도 예복을 입지 않은 사람은 내쫓기는 부끄러움을 당하게 됩니다.

이 모든 문제의 해결책은 아멘이시고 충성된 증인이시며 하나님의 창조의 근본이신 예수 그리스도께 있습니다. 그분에게 가서 불로 연단한 금을 사서 부요하게 하십시오. 흰 옷을 얻어 입으십시오. 안약을 사서 바르십시오. 예수님께서는 이러한 이기는 자들에 대하여 이렇게 약속하십니다.

"내가 내 보좌에 함께 앉게 하여 주기를 내가 이기고 아버지 보좌에 함께 앉은 것과 같이 하리라"

즉 우리는 그분과 더불어 왕노릇하게 될 것입니다.

보좌에 앉으신 이 10

■ 본문 : 요한계시록 4:1-11 ■ 요절 : 요한계시록 4:11

우리 주 하나님이여 영광과 존귀와 능력을 받으시는 것이 합당하오니 주께서 만물을 지으신지라 만물이 주의 뜻대로 있었고 또 지으심을 받았나이다 하더라

1이 일 후에 내가 보니 하늘에 열린 문이 있는데 내가 들은 바 처음에
내게 말하던 나팔 소리 같은 그 음성이 가로되 이리로 올라오라 이후에
마땅히 될 일을 내가 네게 보이리라 하시더라 2내가 곧 성령에 감동하
였더니 보라 하늘에 보좌를 베풀었고 그 보좌 위에 앉으신 이가 있는데
3앉으신 이의 모양이 벽옥과 홍보석 같고 또 무지개가 있어 보좌에 둘
렸는데 그 모양이 녹보석 같더라 4또 보좌에 둘려 이십사 보좌들이 있
고 그 보좌들 위에 이십사 장로들이 흰 옷을 입고 머리에 금면류관을
쓰고 앉았더라 5보좌로부터 번개와 음성과 뇌성이 나고 보좌 앞에 일곱
등불 켠 것이 있으니 이는 하나님의 일곱 영이라 6보좌 앞에 수정과 같
은 유리 바다가 있고 보좌 가운데와 보좌 주위에 네 생물이 있는데 앞
뒤에 눈이 가득하더라 7그 첫째 생물은 사자 같고 그 둘째 생물은 송아
지 같고 그 세째 생물은 얼굴이 사람 같고 그 네째 생물은 날아가는 독
수리 같은데 8네 생물이 각각 여섯 날개가 있고 그 안과 주위에 눈이
가득하더라 그들이 밤낮 쉬지 않고 이르기를 거룩하다 거룩하다 거룩
하다 주 하나님 곧 전능하신 이여 전에도 계셨고 이제도 계시고 장차
오실 자라 하고 9그 생물들이 영광과 존귀와 감사를 보좌에 앉으사 세
세토록 사시는 이에게 돌릴 때에 10이십사 장로들이 보좌에 앉으신 이
앞에 엎드려 세세토록 사시는 이에게 경배하고 자기의 면류관을 보좌
앞에 던지며 가로되 11우리 주 하나님이여 영광과 존귀와 능력을 받으
시는 것이 합당하오니 주께서 만물을 지으신지라 만물이 주의 뜻대로
있었고 또 지으심을 받았나이다 하더라

▣ 서론

"인자 같은 이"인 예수님을 직접 대면하였을 때 요한 사도는 그 분 앞에 엎드러져 죽은 자같이 되었습니다. 그때 주께서 "네 본 것(과거)과 이제 있는 일(현재)과 장차 될 일(미래)을 기록하라"고 명하셨습니다. 1장은 "네 본 것"에 해당되고 2-3장의 소아시아 일곱 교회는 당시 존재하고 있었던 교회의 상황 즉 "이제 있는 일"에 속합니다. 이 일 후에 즉 일곱 교회에 보내는 편지들을 하늘로부터 들은 후에 요한 사도는 참으로 희귀한 사건을 경험합니다. 하늘에 열린 문이 있음을 본 것입니다. 그는 감동어린 마음으로 성령 충만하여 관찰을 시작합니다.

"… 보라 하늘에 보좌를 베풀었고 그 보좌 위에 앉으신 이가 있는데"(4:2).

▣ 본문관찰 및 토의

1. a. 당시 소아시아 반도의 대표적 교회였던 일곱 교회를 향한 편지를 들은 후(4:1, 이 일 후에) 사도 요한은 하늘에서 무엇을 보았습니까?(1절 상)

   b. 이때 사도 요한은 어떤 음성을 들었습니까?(1절 하)

2. 요한은 하늘 보좌에 앉으신 이의 모습을 어떻게 묘사하고 있습니까?(2-3절)

3. 보좌에 둘러 앉아 있는 이십사 장로들의 모습을 묘사해 보십시오(4절).

4. 네 생물에 대하여 설명된 바를 목록으로 작성해 보십시오.

· 6절 :

· 7절 :

· 8절 :

5. 네 생물은 밤낮 쉬지 않고 무슨 일을 하였습니까?(8-9절)

6. 열린 문을 통해 관찰한 천국의 모습에서 가장 중심이 되는 존재는 누구입니까? 등장 인물들과 상황을 그림으로 그려보십시오.

7. 찬양을 받으시는 하나님은 어떤 분으로 묘사되고 있습니까? (8-9, 11절)

8. 이십사 장로들이 보좌에 앉으신 하나님 앞에 엎드려 경배하고 찬양하였습니다(10-11절). 여러분은 오늘 하나님께 영광과 존귀와 감사를 어떻게 드렸습니까? 8절과 11절을 다시 한 번 읽고 여러분의 마음을 담아 하나님을 찬양하십시오.

9. 예배의 초점은 하나님이십니다. 예배란 내 자신이 하나님의 보좌 앞에 엎드려서 겸손히 찬송과 경배를 드리는 생명의 의식입니다. 여러분은 매 주일 어떤 자세로 하나님을 예배합니까? 주일 예배 시간에 온 정성을 다해 주님을 경배하고자 할 때 여러분의 주의를 흐트러지게 하는 요소는 무엇입니까?

●메 시 지●

사도 요한은 유배지 밧모섬에 갇힌 채 외로운 인생 말년을 보내고 있었습니다. 평생 주님을 따르고 섬기며 복음을 전파한 결과, 감옥보다 더한 섬에서 인생의 최후를 맞이하게 된 것입니다. 그러나 그는 그곳에서 영광스러운 환상을 보았습니다. 과거에 선지자 에스겔도 이 환상을 보았고(겔 1:1), 바울 사도 역시 환상의 세계를 보았습니다(고후 12:1-6). 하늘의 열린 문을 통해서 본 세계는 모든 존재가 하나님을 위해 활동하고 있었습니다. 네 생물은 밤낮 쉬지 않고 하나님을 찬양하였고 이십사 장로들은 하나님 앞에 엎드려 하나님을 찬미하고 있었습니다(4:10-11). 보좌에 앉으신 이는 최고의 능력과 궁극적 권세를 가진 분이시며 온 세상을 주권과 섭리로 다스리는 전능한 하나님이십니다. 요한 사도는 이 영광의 장면을 이 세상의 유비언어(類比言語)를 사용하여 묘사하였습니다. 요한에게 보여진 이 세계는 예배에 관하여 몇 가지 중요한 요소를 가르쳐 줍니다.

첫째로 참된 예배란 나 자신을 비우고 하나님 앞에 나아가 겸손히 엎드려 무릎꿇는 것입니다. 나의 자아와 자존심이 살아 움직이는 한 참된 예배는 불가능합니다. 나의 자아가 예수님의 십자가에서 철저히 죽고 예수님께 엎드릴 때 참된 예배가 가능합니다.

둘째로 참된 예배란 묵상과 명상 이상의 것입니다. 이것은 성령이 그 속에 충만하고(4:2) 자신을 하나님으로 채우는 것이며 하나님의 영에 감동되어 하나님께 나아가는 것입니다.

마지막으로 참된 예배란 거룩하신 하나님을 경배하고 찬양하며 영광과 존귀와 감사를 그분께만 돌리는 행위입니다. 예배란 나를 위한 것이라기보다 하나님을 위한 것입니다.

여러분은 하나님께 어떻게 예배합니까? 이 세 가지 요소로 진단해 보십시오.

어린양 예수 11

■본문 : 요한계시록 5:1-14 ■요절 : 요한계시록 5:7

어린양이 나아 와서 보좌에 앉으신 이의 오른손에서 책을 취하시니라

1내가 보매 보좌에 앉으신 이의 오른손에 책이 있으니 안팎으로 썼고 일
곱 인으로 봉하였더라 2또 보매 힘 있는 천사가 큰 음성으로 외치기를 누
가 책을 펴며 그 인을 떼기에 합당하냐 하니 3하늘 위에나 땅 위에나 땅
아래에 능히 책을 펴거나 보거나 할 이가 없더라 4이 책을 펴거나 보거나
하기에 합당한 자가 보이지 않기로 내가 크게 울었더니 5장로 중에 하나
가 내게 말하되 울지 말라 유대 지파의 사자 다윗의 뿌리가 이기었으니
이 책과 그 일곱 인을 떼시리라 하더라 6내가 또 보니 보좌와 네 생물과
장로들 사이에 어린양이 섰는데 일찍 죽임을 당한 것 같더라 일곱 뿔과
일곱 눈이 있으니 이 눈은 온 땅에 보내심을 입은 하나님의 일곱 영이더
라 7어린양이 나아와서 보좌에 앉으신 이의 오른손에서 책을 취하시니라
8책을 취하시매 네 생물과 이십 사 장로들이 어린양 앞에 엎드려 각각 거
문고와 향이 가득한 금 대접을 가졌으니 이 향은 성도의 기도들이라 9새
노래를 노래하여 가로되 책을 가지시고 그 인봉을 떼기에 합당하시도다
일찍 죽임을 당하사 각 족속과 방언과 백성과 나라 가운데서 사람들을
피로 사서 하나님께 드리시고 10저희로 우리 하나님 앞에서 나라와 제사
장을 삼으셨으니 저희가 땅에서 왕노릇 하리로다 하더라 11내가 또 보고
들으매 보좌와 생물들과 장로들을 둘러 선 많은 천사의 음성이 있으니
그 수가 만만이요 천천이라 12큰 음성으로 가로되 죽임을 당하신 어린양
이 능력과 부와 지혜와 힘과 존귀와 영광과 찬송을 받으시기에 합당하도
다 하더라 13내가 또 들으니 하늘 위에와 땅 위에와 땅 아래와 바다 위에
와 또 그 가운데 모든 만물이 가로되 보좌에 앉으신 이와 어린양에게 찬
송과 존귀와 영광과 능력을 세세토록 돌릴지어다 하니 14네 생물이 가로
되 아멘 하고 장로들은 엎드려 경배하더라

▣ 서론

잠시 죽었다가 천국의 황홀한 세계를 경험하고 살아난 사람들의 간증이 기독교계에서 인기를 끌어왔습니다. 어떤 사람은 천국에 갔더니 유명한 종교 지도자들의 얼굴이 보이지 않았고 또한 자기는 신앙생활을 등한시 했기 때문에 거대한 맨션이 아닌 조그만 오두막집을 배정받게 되었다고 말합니다. 이러한 간증은 진실 여부에 관계없이 우리로 하여금 '영원성'의 문제에 집중하도록 도와줍니다. 천국에 대한 간증들이 각기 달라서 우리의 마음을 혼란시킨다 하여도 두려워 하지 마십시오. 천국에 대해 기록해 놓은 성경이 우리에게 있습니다. 하나님의 말씀은 최고의 표준이요 결정적 증거 능력을 가지고 있습니다. 천하의 모든 혼란을 잠재웁니다. 계시록 5장에서는 참된 천국을 만나볼 수 있습니다.

▣ 본문관찰 및 토의

1. 요한 사도는 보좌에 앉으신 이의 오른손에 책이 있음을 보았습니다. 책의 모양은 어떠했습니까?(1절)

주) 당시의 책들은 양의 가죽을 말려서 기록한 것들이었습니다. 양피에 기록된 책들은 두루마리 형태로 말아서 보존하였습니다. 그런데 이 두루마리 책이 일곱 인으로 봉해져 있었습니다.

2. 이때 천사가 큰 음성으로 외친 말은 무엇입니까?(2절)

3. 결국 문제가 무엇입니까?(3절) 요한 사도는 왜 크게 울어야만 했습니까?(4절)

4. 이 문제는 어떻게 해결되었습니까?(5절, 7절)

5. 이 책에는 인생들이 하나님의 나라에 들어갈 수 있는 길과 하나님의 섭리가 담겨 있다고 여겨집니다(G. R. Beasley-Murray). 그런데 천상 천하에 어느 누구도 그 인봉된 책을 펴거나 보거나 할 이가 없었습니다. 오직 일찍 죽임을 당한 어린양 예수만이 그 책을 취하여 인봉을 떼어 내셨습니다. 예수님은 우리에게 천국의 길을 허락해 주셨고 인간의 가장 큰 문제인 죽음의 문제를 해결

해 주셨습니다. 여러분은 무슨 문제로 고민하십니까? 아래에 자세히 기록해 보십시오. 그 문제를 어떻게 해결하시겠습니까? 인봉을 떼기에 합당하신 예수님께 담대히 가지고 나아가십시오.

문제영역	구체적 내용
1. 구원의 문제	
2. 개인의 문제	
3. 가정의 문제	
4. 직장의 문제	
5. 사회의 문제	

6. 본문에서 어린양 예수를 지칭하는 단어에 빨간 색으로 ┼ 표시를 하고 어린양 예수에 대해 목록을 작성하십시오.

5절

6절

7절

8절

9절

10절

12절

13절

7. 예수님 앞에서 각각의 행한 반응을 살펴보십시오.

(1) 네 생물과 이십사 장로(8절-10절)

(2) 천사들(11절-12절)

(3) 모든 만물(13절)

(4) 네 생물(14절)

(5) 장로들(14절)

8. 5장의 사건에서 중심되는 인격체는 누구입니까?

9. 우리가 기도할 때 그 기도의 향기는 과연 하늘나라에 전달될까요? 8절에서는 이 질문에 대하여 어떤 해답을 줍니까? 여러분은 금대접에 가득찰 만한 기도의 시간들을 쌓았습니까?

10. 여러분의 구체적인 기도 생활을 기록해 보십시오.

(1) 일 주일 중 언제

(2) 하루 중 언제

(3) 기도의 주요 내용

●메 시 지●

삶과 죽음의 문제는 모든 인류의 근본적인 문제입니다. 석가모니도 생로병사(生老病死)의 문제로 씨름하다가 출가하여 수행생활을 하던 중 득도하여 열반의 세계 즉 니르바나의 세계를 예견하게 되었습니다. 석가모니에게 그의 제자가 물었습니다. “당신과 니르바나는 어떤 관계입니까?” 이에 석가모니가 대답했습니다. “나는 중생들을 니르바나로 안내하는 인도자이니라.” 그는 위대한 현자였으나 니르바나의 중심인물은 아니었습니다. 공자의 사랑하는 제자였던 자공이 친구의 죽음을 목도한 후 공자에게 물었습니다. “공자님, 죽음 이후에는 어떤 세계가 전개됩니까?” 공자는 “내가 이 세상의 이치도 다 깨우치지 못하였는데 어떻게 저 세상의 문제를 안단 말인가!”라고 답했습니다.

소크라테스는 인생과 우주의 본질을 알지 못하고 살아가는 당시 대중들이 허영과 철학에 들뜨지 말고 자기 탐구를 지속할 것을 촉구하면서 “너 자신을 알라”고 외쳤습니다. 소크라테스는 자신이 무지한 존재인 것을 통찰하고 있었습니다. 어떠한 선현도 자신이 전능한 하나님이라고 감히 선언하지 못했습니다. 전 생애에 대하여 수백 가지의 예언 속에 탄생된 사람도 없습니다. 그러나 예수님은 다릅니다. 그분은 베들레헴에서 탄생되리라고 예언되었는데(미 5:2) 과연 그곳에서 출생하였습니다. 또한 우리의 죄와 허물로 인하여 십자가에서 고난받고 죽을 것이 예언되었는데(사 55장) 과연 그와 같이 죽으셨습니다. 예수님은 다윗의 뿌리이시며(계 5:5) 일곱 인으로 인봉된 책을 떼기에 합당하신 분이십니다(계 5:7-9). 예수님은 우리의 모든 죄를 사하시고 영생을 주신 분이시며 우리가 당하는 모든 인생 문제의 핵심에 좌정하셔서 문제의 열쇠를 제공하시는 만사의 해결자이십니다. 죽음을 이기신 주님은 인생의 어떤 문제도 해결할 수 있는 전능하신 주님입니다. 예수님은 여러분의 인생에 있어서도 왕이시며 주인이십니다. 그분이 좌정할 때 모든 문제는 초개와 같이 무너져 내리고 대로와 같이 해결의 길이 열립니다. 많은 문제 속에서도 사랑 그 자체이신 그분의 품을 향하여 담대히 나아가십시오.

12 전체 개관 및 복습

■ 본문 : 요한계시록 1-5 ■ 요절 : 요한계시록 1:19

그러므로 네 본 것과 이제 있는 일과 장차 될 일을 기록하라

▫ 서론

수고가 많으셨습니다. 우리는 그동안 요한계시록 1-5장의 내용을 부분별로 자세히 살펴보았습니다. 오늘은 이제 계시록 1-5장 전체를 개관하고자 합니다. 즉 지금까지 나무 하나하나를 살피는 작업을 해 왔으니 이제는 숲을 조망하는 작업을 진행하려는 것입니다. 성경의 각 부분부분을 순서적으로 살펴보면서 말씀의 교훈을 받는 것은 참으로 소중한 것입니다. 나아가 전체를 살펴봄으로써 각 부분이 전체에 어떻게 관련되는지를 알게 되고 또한 전체가 주는 교훈을 좀더 포괄적으로 이해하게 될 것입니다.

▫ 본문관찰 및 토의

1. 요한계시록 1장을 읽고 한 문장(주어, 목적어, 동사 등)으로 요약해 보십시오. 이것을 1장의 주제라고 표현합니다.

2. 2-5장도 주제를 한 문장으로 표현해 보십시오.

장	고난의 내용
1	예수님께서 밧모섬에 유배된 요한 사도에게 친히 계시로 나타나사 '네 본 것' 과 '이제 있는 일' 과 '장차 될 일' 을 기록하라고 명하다.
2	
3	
4	
5	

*주의: 이러한 작업을 처음 하는 분이라면 대단히 힘이 들었을 것입니다. 잠시 멈추십시오. 그리고 에베소서 1:18, 시편 119:18 말씀을 묵상하고 하나님 아버지께 그의 말씀의 기이한 것을 볼 수 있도록 여러분의 마음의 눈을 열어 주시기를 구하십시오.

에베소서 1:18 "너희 마음 눈을 밝히사 그의 부르심의 소망이 무엇이며 성도 안에서 그 기업의 영광의 풍성이 무엇이며"

시편 119:18 "내 눈을 열어서 주의 법의 기이한 것을 보게 하소서"

3. 주제가 각 장의 내용을 한 문장으로 요약한 것이라고 한다면, 제목은 그것을 네 단어 이내로 나타내는 간략한 표제어(title)라고 볼 수 있습니다. 다시 한번 계시록 1-5장을 읽고 아래의 빈칸에

제목을 기록하십시오. 단, 각 장의 제목은 전체 제목과 연관성을 갖도록 설정하십시오.

*주의: 장이나 책의 제목을 붙이는 방법은 다음과 같습니다.

가) 네 단어 이하이어야 합니다.

나) 본문의 중심 단어를 포함해야 합니다.

다) 다른 제목들과 구별되어야 합니다.

라) 장 제목들은 책의 전체적인 내용과 서로 관련이 있어야 합니다.

예) 디모데후서

책 제목 : 바울이 그의 아들에게

1장 : 말씀을 지키라고 당부한다.

2장 : 말씀을 위임하라고 가르친다.

3장 : 말씀 안에 계속 거하라고 경고한다.

4장 : 말씀을 전하라고 명령한다.

요한계시록

책/장	고난의 내용
책 제목	증거된 그리스도의 계시
1장	요한 사도를 통하여
2장	에베소, 서머나, 버가모, 두아디라 교회를 위하여
3장	사데, 빌라델비아, 라오디게아 교회를 위하여
4장	
5장	인봉을 떼기에 합당하신 어린양을 통해

4. 우리가 성경을 이해할 때 부분부분의 나무를 아는 것도 중요하지만 전체적인 숲을 이해하는 것이 매우 중요합니다. 우리는 지금 계시록 1-5장 전체의 숲의 모습을 보기 위하여 개괄적인 관찰 작업을 하고 있습니다. 요한 사도가 이 서신을 쓰게 된 주요 목적은 무엇입니까?

장/절	주요 목적
1:1	반드시 속히 될 일을 그 종들에게 보이시려고
1:2	
2,3장	소아시아 일곱 교회를 일깨워 경책하려고
1:1, 11,19	주님이 기록하라고 명하셨기에

5. 이 서신은 언제 기록되었습니까?

장/절	서신 기록의 때
1:9	밧모라 하는 섬에 갇혀 있을때
2:9	
2:13	안디바의 순교 이후

6. 저자는 어떤 사람입니까?

장/절	저자에 대한 설명
1:1, 4	사도 요한
1:1	그리스도의 종
1:2,11	
1:1,11,19	직접 명령을 받은 자
1:9	
1:5하	그리스도의 사랑을 받고 그의 피로 해방된 자

7. 수신자는 누구입니까?

장/절	수신자
1:1	예수 그리스도의 종들
1:9	너희의 형제
1:11, 2:11	

8. 각 장은 내용상 특징이 있습니다. 본문을 다시 한 번 살펴보면서 빈칸을 기록하십시오.

내용분해	1장	2, 3장	4장	5장
1:19	본 것	이제 있는 것		
시제	과거		미래	
장소	밧모 섬	지상의 소아시아 교회		
중심인물	예수님	일곱교회		어린양
계시	계시 주체자 예수	계시 선포 대상자	계시의 근원자	

9. 이번에 요한계시록을 공부하면서 가장 귀하게 깨우친 바는 무엇입니까? 요한 사도의 생애와 기록으로부터 받은 은혜를 쓰고 그룹원들과 함께 나누십시오.

●메 시 지●

요한 사도는 밧모섬에 유배된 채 고난의 세월을 보냈습니다. 그러나 그는 결코 자괴감이나 비애감에 빠지지 않았습니다. 오히려 그 시련 중에 성령의 감동을 받아(계 1:10, 4:2) 하늘의 영광을 보았습니다. 그 속에서 그는 물질의 세계를 초월하는 진정한 복을 알았습니다(계 1:2). 그리고 자기의 사명을 따라 계시록의 말씀을 기록하는 일에 전력을 기울였습니다.

진정으로 복있는 사람은 어떤 사람입니까? 물질의 풍요와 정보의 다양성을 즐기며 살지만 영혼이 기갈하여 허우적거리는 인생을 사는 자가 복되다고 말할 수 있습니까? 비전과 환상, 영원한 세계를 향한 계시와 영생의 소망 없이 향락을 즐기며 사는 인생이 복되다 말할 수 있습니까? 진정으로 복된 인생은 영생의 말씀, 계시의 말씀을 읽고 듣고 지키는 자입니다. 시대를 보는 통찰력을 가지고 하늘의 메시지를 듣는 자입니다. 하나님의 말씀을 갈망하며 말씀대로 순종하는 인생입니다. 여러분은 하나님의 말씀 듣기를 갈망합니까? 영원을 사모하며 영원의 세계에 보화를 쌓는 삶을 살아갑니까? 그리스도인으로서 하나님 앞에서 부끄러움 없는 인생을 살아갑니까? 그렇다면 하나님을 찬양하십시오. 하나님께 감사하십시오. 만약 이 질문 앞에 "예"라고 답하는 데 거리끼게 하는 그 무엇이 있다면 주님 앞에 당신의 가슴을 열어 놓고 그것을 고백하십시오. 간절히 통회하는 마음으로 가슴을

찢고 눈물로 자백하십시오.

“만일 우리가 죄 없다 하면 스스로 속이고 또 진리가 우리 속에 있지 아니할 것이요 만일 우리가 우리 죄를 자백하면 저는 미쁘시고 의로우사 우리 죄를 사하시며 모든 불의에서 우리를 깨끗케 하실 것이요”(요일 1:8-9)

■ PRECEPT BOOK LIST

Ⅰ. 리더십 · 성공

1 리더가 저지르기 쉬운 10가지 실수(컴팩트) 한스 핀젤
2 참된 성공에 이르는 비결 데이비드 쇼트
3 파워리더 여호수아 김경섭
4 파워리더 느헤미야 김경섭
5 모세 지도력의 비밀 김경섭
6 사사열전 김경섭
7 담대한 믿음, 여호수아 이윤재
8 믿음의 영웅들 김경섭

Ⅱ. 영성 · 자기 계발

1 축복의 언어 존 트렌트 · 게리 스몰리
2 고통의 의미 케이 아더
3 소망 케이 아더
4 하나님을 향한 마음 케이 아더
5 하나님의 주권 케이 아더
6 비전의 힘(컴팩트) 마일즈 먼로
7 축복의 통로 래리 허커
8 영적 전투의 전략 워렌 W. 위어스비

Ⅲ. 가정 · 상담 · 치유

1 성, 그 끝없는 유혹 케이 아더
2 아내를 사랑하는 10가지 방법 한스 & 도나 핀젤
3 행복한 결혼생활의 비결 케이 아더
4 영적 치유 케이 아더
5 자녀를 하나님의 사람으로 만드는 43가지 지혜 앤드류 머레이
6 자녀와 함께 드리는 가정예배 프리셉트성경연구원

Ⅳ. 목회 · 교회 · 교육

1 OLD & NEW 김우영, 김병삼
2 장로교와 감리교 무엇이 다른가? 김우영
3 심방설교 핵심파일 프리셉트성경연구원
4 존 스토트 설교의 원리와 방법 안병만
5 청중을 사로잡는 설교자 캘빈 밀러
6 나의 나 된 것은 하나님의 은혜라 케이 아더
7 하나님 이름에 숨겨진 비밀 케이 아더
8 네트워크 은사발견 사역(주교재) 빌 하이벨스 외
9 성경 길잡이 케이 아더
10 어린이 전도행전 홍영순
11 효과적인 목회전략 토니 모건 · 팀 스티븐스
12 가정교회를 일으켜라 래리 크레이더
13 교회 갈등, 이렇게 해결하라! 케네스 O. 갱겔 & 새뮤얼 A. 케이나인
14 좋은 교회에서 위대한 교회로 톰 레이너
15 사명을 수행하는 교회 데니스 비커스
16 열정적 설교 알렉스 몬토야
17 주제별 말씀 모음집 김경섭 외

Ⅴ. 교사 · 리더

1 감동을 창조하는 인간관계 윌리암 J. 디엄
2 감정 치유의 6단계 데이비드 클락
3 프리셉트 귀납적 성경 연구 방법 케이 아더
4 위대한 교사 위대한 리더 게리 브레드펠트
5 복음이란 무엇인가? 김경섭

Ⅵ. 기도 · 신앙생활

1 기도하는 엄마들(소책자) 펀 니콜스
2 삶을 변화시킨 끄웨르바 이야기 김연수
3 홍정길 목사의 301가지 감동 스토리 Ⅰ 프리셉트성경연구원
4 홍정길 목사의 301가지 감동 스토리 Ⅱ 프리셉트성경연구원

5 나비 이야기 프리셉트성경연구원
6 언약, 신실하신 하나님의 약속 케이 아더
7 하나님, 솔직히 돈이 좋아요! 김병삼
8 그리스도의 가상칠언 김경섭
9 놀라운 하나님의 이름 김경섭
10 하나님을 미소짓게 하는 이야기 김병삼
11 하늘의 음성 김경섭

Ⅶ. 묵상 · 성경공부

1 큐티합시다 오대희
2 Q.T 첫 걸음 프리셉트성경연구원
3 효과적인 경건의 시간 케이 아더
4 성경을 믿어야 하는 일곱 가지 이유 어윈 루처
5 예수님의 비유로 풀어 쓴 천국 시크릿 김연수
6 스토리텔링 다윗 설교 김연수

Ⅷ. 핸드북

1 그리스도와 함께 앤드류 머레이
2 기도, 하나님과의 로망스 후안 카를로스 오르티즈
3 나를 연단하시는 하나님의 섭리 케이 아더
4 십자가 상의 일곱 마디 말씀 김경섭
5 소리나는 스프 홍정길
6 일상에서 배운 삶의 지혜 토드 템플
7 성공을 가로막는 일곱가지 장애 김병삼
8 성공을 디자인하는 삶의 비밀 피터 허쉬
9 인간관계, 감동으로 창조하라 윌리암 J. 디엄
10 영성회복을 위한 40가지 열쇠 스티븐 아터번 외
11 토마스 아 켐피스의 그리스도를 본받아 토마스 아 켐피스

Ⅸ. 클래식 시리즈

1 온전한 순종 앤드류 머레이
2 인류 최고의 고전 그리스도를 본받아 토마스 아 켐피스
3 앤드류 머레이의 하늘문을 여는 기도 앤드류 머레이
4 현대인을 위한 예수님이라면 어떻게 하실까? 찰스 쉘던
5 현대인을 위한 어거스틴의 참회록 성 어거스틴
6 현대인을 위한 참된 목자 리처드 백스터
7 현대인을 위한 성도의 공동생활 디트리히 본회퍼
8 현대인을 위한 죄 죽이기 존 오웬
9 현대인을 위한 천로역정 존 번연

Ⅹ. 어린이

1 놀라운 성경 탐험 메리 홀링스워스
2 말씀으로 치유되는 십대들의 고민 50가지 필 첼머스
3 나의 사랑하는 성경(구약) 오대희
4 나의 사랑하는 성경(신약) 오대희
5 파란 눈의 중국인 선교사 허드슨 테일러 캐서린 맥켄지
6 고아들의 영웅 조지 뮬러 아이린 호왓
7 어린이를 위한 벤허 루 월리스
8 어린이를 위한 천로역정 존 번연
9 고통 속에서 희망을 노래하는 코리 텐 붐 체스티 호프 바에즈
10 달리기 챔피언 선교사 에릭 리들 존 케디
11 꿈과 열정의 전도자 빌 브라이트 킴 트위첼
12 살아 있는 순교자 리처드 범브란트 캐서린 맥켄지
13 종교 개혁의 횃불을 든 마틴 루터 캐서린 맥켄지
14 열정의 복음 전도자 디엘 무디 낸시 드러먼드

Ⅺ. 청소년

1 수험생을 위한 100일 묵상 프리셉트성경연구원
2 입시생을 위한 60일 묵상 프리셉트성경연구원
3 청소년 365일 묵상집 프리셉트성경연구원
4 청소년을 위한 구약개관 프리셉트성경연구원

클래식 도서

현대인을 위한 천로역정

성경 다음으로 사랑받는 이 책은, 크리스천과 그의 가족과 친구들이 천국에 가는 모험담을 담고 있다. 존 번연의 기발한 통찰력과 비유를 통해 고난을 넘어 천국에 입성하는 자신의 모습을 미리 맛보도록 하자.

■ 존 번연 지음 | 값 15,000원

현대인을 위한 죄 죽이기

죄악된 본성을 붙잡고 씨름할 때, 하나님의 방식대로 이겨 내야 열매를 거둘 수 있다. 성령의 능력으로 죄를 죽이고, 거룩한 삶을 사는 방법이 바로 이 책에 있다.

■ 존 오웬 지음 | 값 13,000원

현대인을 위한 성도의 공동생활

본회퍼의 대표작인 이 책은 기독교 공동체가 갖는 사귐의 아름다운 영성을 주옥 같은 필체로 형상화했다. 참된 신앙고백 안에서 그리스도인의 고귀한 사귐을 느껴 보라.

■ 디트리히 본회퍼 지음 | 값 11,000원

현대인을 위한 참된 목자

사명을 이루기 위해 처음부터 끝까지 하나님의 방법으로 행하라. 목자가 스스로 복음의 확신을 갖고 항상 깨어 일한다면, 그를 통해 수많은 영혼이 하나님께 돌아와 영광을 돌리게 될 것이다.

■ 리처드 백스터 지음 | 값 12,000원

프리셉트 T. 02-588-2218 | www.precept.or.kr

추천 도서

하늘의 음성 30일 묵상편

이 책은 산상수훈이 오늘날 한국 교회와 그리스도인들에게 어떤 도전을 하는지 살펴봄으로써, 성도들이 자신의 신앙을 점검하고 예수님의 가르침대로 살 수 있는 길을 제시하고 있다.

■ 김경섭 지음 | 값 16,000원

스토리텔링 다윗 설교

이 책은 다윗의 모습을 통해 오늘날 그리스도인들이 무엇을 따라가야 하는가에 대한 방향성을 제시한다. 또한 스토리텔링 설교 형식으로 다윗의 생애를 전달하며 진정한 그리스도인의 삶의 본보기를 제시할 것이다.

■ 김연수 지음 | 값 11,000원

믿음의 영웅들 40일 묵상편

이 책은 하나님의 약속을 믿고 살아간 믿음의 영웅들의 발자취를 따라가며, 다양한 사례를 통해 하나님의 자녀가 어떤 믿음의 신조로 살아가야 하는지 방향성을 제시하고 있다.

■ 김경섭 지음 | 값 16,000원

열정적 설교

이 책은 목회자들이 설교에 열정을 회복하도록 권면한다. 또한 설교에 담겨야 할 핵심적인 요소를 짜임새 있게 제시하여, 열정적이며 유능한 설교자로 성장하도록 이끌어 줄 것이다.

■ 알렉스 몬토야 지음 | 값 10,000원

추천 도서

설교, 그 영광의 사역

이 책은 복음의 본질에 기초하여 성경적 설교의 이론과 실제를 체계적으로 소개하고 있다. 이로써 설교자들이 성경적 설교를 통해 영광스러운 하나님의 사역을 충실히 감당할 수 있도록 도울 것이다.

■ 한진환 지음 | 값 16,000원

좋은 교회에서 위대한 교회로

'좋은 교회'를 넘어 '위대한 교회'로 도약하는 것은 하나님의 뜻이며 비전이다. 이 책은 목회자의 리더십 변화를 통해 급성장한 교회들을 제시하고, 목회자들이 침체와 안일함에서 벗어나 도전하도록 격려한다.

■ 톰 레이너 지음 | 값 15,000원

사명을 수행하는 교회

하나님은 빠른 변화에 직면한 소형 교회가 멋지게 전환하여 이 시대에 필요한 사역을 감당하기 바라신다. 이 책은 소형 교회가 위기를 기회로 받아들이고 사명을 펼쳐 나갈 수 있도록 도울 것이다.

■ 데니스 비커스 지음 | 값 10,000원

교회 갈등, 이렇게 해결하라!

올바른 커뮤니케이션에 도달하는 방법을 다루는 이 책은, 교회의 지도자 훈련 교재로 사용할 수 있다. 또한 하나님의 교회가 갈등 안에서 사역과 성장에 새로운 활기를 얻어 가는 과정을 볼 수 있을 것이다.

■ 케네스 갱겔 · 새뮤얼 케이나인 지음 | 값 15,000원

프리셉트 T. 02-588-2218 | www.precept.or.kr

High 요한계시록 I

(계 1–5장)

지은이 | 프리셉트팀(김경섭)

초판 1쇄 | 1996년 8월 12일
개정 1판 1쇄 | 2008년 2월 7일
개정 2판 1쇄 | 2019년 8월 20일

발행인 | 김경섭
국제총무 | 최복순
총무 | 김상현
기획국장 | 김현욱
서적부 | 양재성, 신충경
편집부 | 고유영(편집실장), 김지혜, 허윤희, 유권지

발행처 | 묵상하는사람들
등록번호 | 20-333
일부총판 | 생명의말씀사 Tel. (02) 3159-7979 Fax. 080-022-8585

주소 | 서울시 동작구 사당로2가길 91(사당동) (우) 07028
전화 | (02) 588-2218 팩스 | (02) 588-2268
홈페이지 | www.precept.or.kr
국민은행 772-21-0310-382(김경섭)

값 5,000원
ISBN 978-89-8475-766-0 04230
978-89-8475-677-9 04230(세트)

독자 여러분의 의견을 기다립니다.
독자 전화 (02) 588-2218 / pmnqt@hanmail.net